Der
Galeerensklave des Kaisers

Leben und Schicksal
des
ehemaligen Musikmeisters
im
königlich preußischen 24.Infanterie-Regiment
August Böck,
vormaliger Trompeter im Schillschen Korps

———————

Von ihm selbst geschrieben

———————

Engelskirchen
2008

Bibliografische Information der Deutschen Nationalbibliothek:
Die Deutsche Nationalbibliothek verzeichnet diese Publikation in
der Deutschen Nationalbibliographie; detaillierte bibliografische
Daten sind im Internet unter http://dnb.d-nb.de abrufbar

Gebundene Ausgabe 05/2008
Copyright © 2008 by Fachverlag AMon
Printed in Germany
Herstellung und Verlag: Books on Demand GmbH D-22848 Norderstedt
AMon 00010
ISBN 978-3-940980-09-0
http: // www.FachverlagAMon.de

Vorwort

Wird dir des Schicksals Gewebe zu dunkel
so ehre es schweigend und harre mit Mut
Der in seinen Bahnen die Welten regiert und
mit Vaterliebe das Würmchen im Staube führt
sorgt auch für dich weise, redlich und gut

Es gibt im menschlichen Leben Augenblicke, wo uns das Gewirre der mannigfaltigen Schicksale so mutlos macht, dass man glaubt, es stehe das Schicksal hinter uns und wolle alle unsere Hoffnungen und Blütenkränze vernichten. In diesen Augenblicken wagt man kaum das Auge aufzublicken zu dem, der unsere Tränen trocknet und in dessen Waagschale unser Los aufbewahrt liegt.

Aber gerade diese Augenblicke sind es, in denen uns die Liebe des himmlischen Vaters sichtbar wird. Der Trost, die treue Mutter Religion, leitet den schwermütigen Wanderer sicher über alle Klippen irdischer Drangsale und zeigt uns nach einem demutsvollen Dulden den Hafen der Ruhe, den der Wanderer hier unten nicht aufzufinden vermag.

Gott ist gerecht und was er tut, ist wohlgetan; die Wahrheit dieses Spruches kann und wird kein Christ bezweifeln. Wenn wir dies wissen, dann liegt hierin der Beweis vor, dass alles Ungemach, was den Menschen auf seiner irdischen Laufbahn begegnet, einer höheren Bestimmung zufolge, heilige Zwecke haben muss, dass es den Menschen veredeln soll zu einem höheren Wesen.

Ich habe viel erduldet, ich habe oft zu Gott um die Linderung meiner Leiden gebetet; ich habe oft, wenn ich den Leiden unterliegen wollte, wenn mich die Sklavenketten drückten, wenn die Sehnsucht nach den Meinigen, von denen ich so schrecklich weit entfernt war, die ich liebte und von denen ich geliebt wurde, wenn ich an mein Vaterland dachte, ja, dann habe ich mir oft den Tod gewünscht. In diesen trüben Augenblicken war es dann, wo die Religion mein nasses Auge zum Himmel leitete, ja in diesen Augenblicken erkannte ich meinen Gott wieder und fügte mich tröstend in seinen heiligen Willen.

Menschenfreunde, die Sie die Geschichte meines Lebens und meiner Leiden lesen werden; Ihnen kann ich die heilige Versicherung geben, dass ich jetzt, wo ich bereits am Abend meines Lebens stehe, mutvoller den Stürmen der Zeit entgegen gehe, als sonst. Denn in meiner Seele ist ein heller Strahl aufgegangen, es ist mir begreiflich geworden, warum mein Leiden mir auferlegt wurde und dass das Rätsel meiner Schicksale einst aufgelöst werden wird. Den darauf gründet sich meine Hoffnung, dass es ein Jenseits gibt, wo ich Ruhe finden werde.

August Böck

Vorrede zur 2.Auflage

Die außerordentliche Teilnahme, welche das gegenwärtige Büchlein in allen Klassen der deutschen Nation gefunden hat, bewegt mich, mit der Hinzufügung einzelner, in meinem Gedächtnis wieder aufgefrischten Umstände und der bildlichen Darstellung meines Galeerensklavenlebens eine neue Auflage zu veranstalten. Ich übergebe dieselbe dem Publikum mit dem Wunsche, dass sie ihren Zwecke erfüllen, das heißt des Beifalls sich erfreuen möge.

Halle, im August 1833

A. Böck

Vorrede zur 3. und 4.Auflage

Bei der Herausgabe der 2.Auflage meiner Lebens- und Leidensgeschichte hatten so eine bedeutende Anzahl von Menschenfreunden darauf subskribiert, dass die bedeutende Menge von Exemplaren nicht hinreichend war. Dies hatte damals in mir den Wunsch hervorgerufen, eine neue Auflage herauszugeben.

Die Anzahl der Herren Subskribenten ist beinahe auf Eintausend herangewachsen und es gewährt meinem Herzen Wonne, wenn ich sehe, dass dieses kleine Werkchen, in welchem eine treue Schilderung trauriger Begebenheiten aufgezeichnet ist, Muße gewährt. Sehr gern hätte ich die Namen der Herren Subskribenten auf der vordersten Seite dieses Buches abdrucken lassen, allein da mir der Charakter von den meisten unbekannt war, so musste es unterbleiben.

Möge diese neue Auflage eine ebenso gute Aufnahme finden als die vorige; mögen höhere Kenner der Literatur mein schwaches Machwerk nicht zu streng richten, mögen mir fortwährend noch ebenso viele gute Herzen entgegen schlagen, als früher, dann bin ich belohnt genug.

Roitsch, im März 1839

August Böck

Vorwort zur Ausgabe 2008

Das aktuelle Manuskript ist die erste Neuauflage seit März 1839! Durch die Ströme der mittlerweile vergangenen Zeit hat es jedoch nichts von seiner fesselnden Spannung und seiner Thematik weit ab von dem oft beschriebenen Schlachtendonner und den brausenden Hochrufen verloren. Es ist die einfache Geschichte eines einfachen Mannes, dem selbst der große Kaiser der Franzosen nicht seine Vaterlandsliebe verzeihen konnte und ihn kurzerhand, wie auch die anderen Gefährten des Ferdinand Freiherr von Schill, mit den härtesten Strafen belegte.

Das Manuskript wurde lediglich in eine zeitgenössische Schriftform gebracht und dort - wo es möglich war und nötig schien - wurden erklärende Fußnoten zugesetzt.

Engelskirchen im Mai 2008

Der Verleger

1.Kapitel
Kindheit und Ausbildung - Ich möchte Soldat werden - Meine Verheiratung - Ein böses Abenteuer

Im Jahre 1785 bin ich zu Roitzsch in Sachsen geboren, wo mein Vater Krämer und Musikus war; ein bejahrter, äußerst redlicher und ernster Mann. Öfters, wenn er sich mit mir abgab, war es seine Rede: „Wenn du erst groß bist und Talent zur Musik hast, so sollst du mir ein preußischer Trompeter werden."

Aber schon im September des Jahres 1794 wurde er krank und starb das Jahr darauf in demselben Monat 73 Jahre alt.[1]

Durch Unglücksfälle, wie es so im menschlichen Leben geht, waren meine Eltern um alles gekommen, so dass ich nun mit meiner guten Mutter ganz hilflos da stand. Eine Schwester aber und noch eine gute Freundin aus Bitterfeld ließen uns nicht sinken. Meine Mutter, die dazumal 27 Jahre alt war, verheiratete sich wieder mit einem Maurer, welcher die Pflichten, als Vater gegen mich, so viel in seinen Kräften stand, recht treu zu erfüllen suchte.

Ich wurde im Jahre 1800 konfirmiert und nun war es der Wunsch meiner Eltern, dass ich eine Profession, zu welcher ich Lust hätte, lernen sollte. Weil mir aber die Worte meines seligen Vaters immer noch gegenwärtig waren, so hatte ich zu nichts Lust, als zur Musik.

Meine Mutter meinte zwar, nach der gewöhnlichen und nicht ganz unbegründeten Meinung von dem leichten Sinne der Musiker, dass man bei der Musik, wenn man nicht standhaft bliebe, leicht ausarten könne. Aber das Zureden meines braven Stiefvaters, welcher mir sehr gewogen war, bewog sie zur Einwilligung und so kam ich bei dem damaligen Stadtmusikus Otto zu Bitterfeld auf fünf Jahre in die Lehre.

Durch Fleiß und sittliches Betragen gelang es mir daselbst, nicht allein die Liebe meines Lehrherrn, sondern auch die Achtung manches braven Bürgers zu erwerben. Mein Lehrherr, der einsah, dass meine Eltern arm waren und ich zu allem, was mir geheißen wurde, jederzeit bereitwillig war, verlangte für die fünf Jahre Lehrzeit nicht das geringste und behandelte mich dessen ungeachtet mit gleicher Güte.

---

[1] Mein Vater war Witwer gewesen und hatte meine Mutter als ein Mädchen von 16 Jahren in seinem 60.Jahr geheiratet, bei welcher Gelegenheit der damalige Prediger des Ortes auch in seiner Traupredigt die Worte zum Text genommen hatte: „16 Jahr und 60 Jahr, das ist ein ungleiches Paar!"

Den 01.Oktober 1805 wurde ich freigesprochen und reiste mit den Segenswünschen und guten Ermahnungen meiner lieben Eltern und Verwandten im Monat November von da ab nach Burg, wo ich bei dem dortigen Stadtmusikus in Kondition kam.

Da ich aber eine so große Vorliebe für den Militärdienst hatte, so suchte ich den einstmaligen mir immer gegenwärtigen Wunsch meines seligen Vaters zu erfüllen und meldete mich im Jahre 1806 beim königlich preußischen Karabinier-Regiment[2] zu Rathenow als Trompeter, wurde auch angenommen, musste aber, da in dieser Eigenschaft keine Vakanz offen war, mich mit der Weisung begnügen, so lange als Beurlaubter für mein weiteres Fortkommen selbst zu sorgen, bis eine Stelle für mich vakant sei.

Der sehr unglückliche Ausgang des damaligen Feldzuges verhinderte mich nun aber in meinem Vorhaben. Ich suchte zwar mehrmals zur preußischen Armee zu kommen, aber es wurde mir jedes Mal vereitelt.

Ich ging also nach Magdeburg, wo ich viel Gelegenheit fand, mich in der Musik noch mehr zu vervollkommnen und verheiratete mich im Jahre 1808 mit einem braven Mädchen, meiner lieben und treuen Gefährtin durch mein vielbewegtes Leben. Hier darf ich ein merkwürdiges Ereignis nicht übergehen: Als ich mich nämlich im Jahre 1808 verheiraten wollte, reiste ich erst nach Sachsen, um die Einwilligung meiner Eltern zu erhalten; da wurde ich von meinen Paten und mehreren Verwandten mit Hochzeitsgaben, welche sehr ansehnlich waren, beschenkt und nahm nun von meinen Eltern und Verwandten unter Bezeugung der herzlichsten Segenswünsche Abschied. Ich reiste von da nach Bitterfeld, wo noch ein Onkel lebte, von welchen ich einmal eine ansehnliche Erbschaft zu erwarten hatte, besonders um von meinem ehemaligen Lehrherrn und den guten Bekannten Abschied zu nehmen.

Mein Onkel, der mir sehr gewogen war, welchem ich, da mein verstorbener Vater mit seiner ersten Frau keine Kinder gehabt, meine ganze Erziehung und Ausbildung in der Musik zu verdanken hatte, beredete mich, einige Tage bei ihm zu verweilen. Ich wurde von allen Bekannten sehr gut angenommen und hatte daselbst in der einen Nacht einen besonderen Traum: ich befand mich in einem sehr wüsten Garten, wo ein großer Hund auf mich zukam, mich grimmig angrinste, auf mich zusprang und mir meine Kleider zerriss.

---

[2] gemeint ist hier das 11.Kürassier-Regiment, die so genannten Leibkarabiniers, die zum genannten Zeitpunkt ihre Garnison in Rathenow hatte. Sie waren 1691 als Dragoner-Regiment *Brandt* aufgestellt worden, standen 1806 bei der Hauptarmee und wurden durch die Kapitulation der Preußen bei Pasewalk aufgelöst. Ein Detachement gelangte nach Preußen und stieß zur Kürassier-Brigade Stülpnagel, auch das Depot ging nach Preußen. 1808 kamen dann die Reste der im Kanton befindlichen gedienten Mannschaften zur 2.Eskadron der brandenburgischen Kürassier-Regiments.

Als ich am Morgen aufstand, war mir der Traum sehr bedenklich, jedoch, wie es bei jungen Leuten gewöhnlich der Fall ist, dass man sich über alles hinwegsetzt, achtete ich auch nicht darauf, indem ich sonst nie an Träume geglaubt hatte. Die zweite Nacht hatte ich beinahe denselben Traum, doch glaubte ich beim Erwachen, es rühre bloß von der vorigen Nacht her und bekümmerte mich darum nicht weiter.

Als ich abreisen wollte, war mein Onkel sehr unwillig, dass ich die Reise zu Fuß machen wollte, indem ich doch eine ziemliche Summe Geld bei mir hatte und die Dessauer Heide passieren musste, wo es damals nicht ganz sicher war. Er meinte, es wäre besser mit der Post zu fahren, da aber der Weg durch die Dessauer Heide immer von Menschen angefüllt und nie leer ist und ich bestimmt hatte, über die Dörfer zu gehen, so meinte ich, dass ich das Postgeld sparen könnte und reiste den 26. Juni ab. Mein Onkel begleitete mich eine Strecke Weges und gab mir die feste Versicherung, dass er einstmals meiner bei seinem Hinscheiden besonders bedenken würde. Ich sagte ihm mit weinenden Augen ein Lebewohl und wünschte ihm, dass er noch recht lange leben und gesund bleiben möchte.

In dem Städtchen Gösnitz, welches zum Fürstentume Dessau gehört, kaufte ich mehreren Brautstaat, den mir der Kaufmann lang zusammenrollte und in Wachsleinwand einpackte, welches ich nun ganz ungeniert mit einem Bande über die Schulter hing und somit meine Reise fortsetzte.

Von da reiste ich über Raguhn; als ich dort ankam, schlug die Glocke Zwei, ich sah nach meiner Uhr, überlegend, wie lange ich wohl von da bis Dessau zubringen würde. Bei meinem weiteren Fortschreiten erblickte ich vor mir einen sächsischen Soldaten auf der Brücke, welcher seinen Blick auf mich gerichtet hatte. Als ich an ihn näher herankam, hatte er seine Pfeife gestopft und schlug Feuer an. Ich bat ihn, mir ein wenig Feuer zu geben, wozu er auch gern bereitwillig war. Nachdem ich ihm dafür gedankt hatte, fragte er mich, ob ich nach Dessau wollte, er wolle auch dahin. Wir gingen nun beide zusammen fort, als wir 200 Schritte gegangen waren, trennt sich die Straße, ein Weg ging über die Dörfer Priora und Schierau, ein anderer links durch die Heide die alte Straße entlang. Hier stand mein Reisegefährte still und fragte: „Welchen Weg wollen wir gehen, links oder rechts?"

Ich sagte ihm, ich habe bestimmt über die Dörfer zu gehen, jener meinte aber, er ginge die alte Straße und das aus dem Grunde, weil es sehr heiß wäre und man da mehr Schatten hätte. Es war mir zwar, als wenn sich in mir etwas warnendes regte, ich war erst bedenklich dabei, jedoch konnte ich aber wohl gegen einen alten Krieger, dem ich besonders wohl gewogen war, keinen Verdacht hegen; ich beschloss mich nun mit ihm die alte Straße zu gehen.

Nach einer kurzen Zeit von ungefähr einer halben Stunde waren wir da angelangt; auffallend war mir zwar der Weg, indem er sehr mit Gras bewachsen war und ich wenige Spuren von Fußgängern da bemerkte. Seine Unterhaltung von dem Feldzuge 1806 bis 1808 interessierte mich sehr, er erzählte mir sehr viel, was ich schon in Zeitungen gelesen hatte. So erzählte er mir ebenfalls von dem sächsischen Tambour, der von Napoleon den Orden der Ehrenlegion erhalten hatte, was mir besonders gefiel. Er sagte, als wir den Hagelsberg bei Danzig erstürmten, fiel dem Tambour die Trommel vom Riemen ab und lief den Berg herunter; der Tambour wollte seine Trommel wiederholen, ein Offizier aber hieb mit der flachen Klinge auf ihn ein und sagte: „Hundsfott, wenn Du die Trommel verloren hast, so nimm von dem ersten besten Soldaten, der gefallen ist, das Gewehr und mache, dass Du vorwärts kommst." Der Tambour ergriff schnell von einem gefallenen Soldaten das Gewehr und sprang, um sich der Fuchtel zu entziehen, zuerst in die Schanze.

Bei diesen Worten griff er mir ins Halstuch, warf mich zu Boden und sagte: „Hund! Hier ist Dein Gottesacker."

Wie vom Blitz getroffen lag ich da, er griff mir nach der Tasche, nahm mir die Börse, worin sich noch 5 doppelte Augustdor und einige sächsische Speziestaler befanden, sowie auch meine Uhr. Hierauf wollte er mir nun das lang zusammengerollte Paket entreißen; da ermannte ich mich, sprang auf, ergriff meinen Stock, den ich beim Hinwerfen, indem ich ihn an der rechten Hand mit einem Riemen befestigt hatte, nicht benutzen konnte. Den Räuber, welcher mir soeben mit seinem Stocke den Todesstreich versetzen wollte, hieb ich mit dem meinigen von unten dagegen, so dass der seinige ihm in der Hand entzweisprang und so schlug ich auf ihn ein. Er machte kehrt und lief an zweihundert Schritte in das dicke Gebüsch, wohin ich ihn zwar erst verfolgte, aber keine Spur mehr auffinden konnte.

Ich kehrte nun zurück und beachtete, was ich nun wohl tun sollte; zurück konnte ich nicht gehen, indem ich die bittersten Vorwürfe zu erwarten gehabt hätte. Nun dachte ich an meinen Traum, mein Vermögen war noch ein sächsischer Kupferdreier.

In Dessau angelangt, meldete ich mich bei der Polizei, um dort eine Freikarte zu erhalten, um über die Elbe zu kommen, indem man da 9 Pfennige bezahlen muss. Ich wurde auch über den Vorfall, welcher mir passiert war vernommen und man sagte mir, dass, wenn sich der Räuber im Herzogtume dreimal vierundzwanzig Stunden aufhalten sollte, erwischt werden und man würde sich freuen, mir zu dem Meinigen wieder zu verhelfen. So reiste ich von Dessau ab.

In meinen kummervollen Gedanken ging ich nun die Allee, welche nach der Elbbrücke führt, musste mich aber wegen des großen Schrecks und der Ermüdung auf eine Bank niedersetzen. Indem ich hier so mein Schicksal überdachte, kam ein Herr geritten, welcher mich fragte, was mir fehle und ob ich krank sei. Ich erzählte ihm den Vorfall, welcher mir begegnet war und da er hörte, dass ich von allem so entblößt war, dass ich meine Reise nicht weiter fortsetzen konnte, beschenkte er mich, so dass ich nun wenigstens aus der dringendsten Not gerettet war. Dem hinter sich reitenden Jäger befahl er, mich bis zum Brückenschreiber zu begleiten, bei welchem ich den Räuber ganz genau beschreiben musste, damit, wenn er ja die Elbe auf diesem Punkte passieren wollte, er ihn sogleich arretieren möchte.

Da erfuhr ich nun erst, wer dieser Herr war; es war Seine Durchlaucht der Erbprinz gewesen, welcher sich so hilfreich bewiesen hatte. So setzte ich nun meine Reise bis nach Burg fort, habe aber nie wieder erfahren, ob der Räuber ertappt worden ist.

2. Kapitel
Endlich Soldat - Trompeter im Korps Schill - In Gefangenschaft - Erniedrigung und Schmach - Eine entsetzliche Nachricht

Im Jahre 1809 ergriff mich die Hoffnung, mein liebes preußisches Vaterland von seinem Unterdrücker befreit zu sehen und da ich mich immer noch für militärpflichtig erachtete, so trat ich bei dem Schillschen Korps als Trompeter ein und wohnte dem Gefechte bei Todendorf bei.

Hier, wo wir auf französische Husaren stießen, von denen einige gefangen, die übrigen versprengt wurden, passierten wir das Dorf, trotz dem dass es mit Tirailleurs besetzt war, das Gewehrfeuer nicht achtend und nahmen sogar zwei Kanonen, welche wir aber wegen des Mangels an Pferden stehen lassen mussten.

Jenseits des Dorfes wurde sogleich auf vier auf den Höhen postierte Karrees eingehauen, von denen drei nach hartnäckiger Gegenwehr gesprengt wurden, das vierte konnte aber seiner guten Position wegen nicht attackiert werden.

Obgleich wie Sieger waren, hatten wir doch sehr gelitten; doch keine Gefahr achtend, wurde mit beispiellosem Mute gefochten und 11 Offiziere und 500 Gemeine wurden gefangen und 3 Fahnen wie auch zwei Munitionswagen erbeutet. Aber auch unsererseits waren mehrere der braven Offiziere gefallen, nämlich der Rittmeister Kettenburg[3], die Lieutenants Stock, Diegelsky[4], Höfel, Vogt und Lüdecke blieben tot auf dem Platze, blessiert waren der Major Lützow[5], die Lieutenants Kessel, Hellwig und Wedell.

Wir nahmen nun unseren Marsch über Neuhaldensleben und so nach Arneburg, wo die 1.Kompanie des Bataillons Reuß, welches zum Schillschen Frei-Korps gehört hat, von Berlin zu uns stieß. Es kamen da noch eine große

[3] Stephan von der Kettenburg. Er stand am 05.März 1793 als Fähnrich im Regiment *Wegnern* (Nr.30), wurde am 06.Februar 1796 zum Lieutenant und am 17.September 1806 zum Premier-Lieutenant im Regiment *Borcke* (Nr.30). 1806/07 stand er im Schillschen Freikorps und wurde dann im Januar 1808 zum 2.brandenburgischen Husaren-Regiment *Schill*, dort erhielt er am 27.September 1808 zum Stabsrittmeister befördert. Im Mai 1809 schloss er sich dem Zuge Schills an und fiel, wie der Autor beschreibt, am 05.Mai 1809 im Gefecht bei Dodendorf.

[4] eigentlich: Ernst von Diezelsky. Am 09.Oktober 1800 stand er als Fähnrich im Dragoner-Regiment *Pfalz-Bayern* (Nr.1), wo er am 06.Mai 1803 zum Lieutenant befördert wurde. 1806/07 diente er im Schillschen Freikorps. Für seinen Einsatz im Gefecht bei Mahnwitz gegen polnische Insurgenten wurde er mit dem Militär Verdienstorden ausgezeichnet. Während der Belagerung von Kolberg wurde er am 12.April 1807 an der Westfront der Festung verwundet. 1808 wurde er zum 2.brandenburgischen Husaren-Regiment *Schill* versetzt, wurde dort am 23.Mai 1808 zum Premier-Lieutenant befördert und nahm am Zuge Schills Teil. Er fiel, wie der Autor beschreibt, am 05.Mai 1809 im Gefecht bei Dodendorf.

[5] Adolf Baron von Lützow. Er diente am 20.Januar 1798 als Fähnrich im I.Bataillon des Regiments *Leib-Garde* (Nr.15), wo er am 10.Dezember des gleichen Jahres zum Lieutenant befördert wurde. Am 31.Dezember 1804 wurde er mit Patent vom 06. April 1797 zum Kürassier-Regiment *Reitzenstein* (Nr.7) versetzt. 1806/07 stand er als Premier-Lieutenant im Schillschen Freikorps und wurde am 16.Februar 1807 bei Stargard verwundet. Auszeichnung mit dem Militär Verdienstorden. Er wurde am 16. September 1807 zum Stabsrittmeister befördert und erhielt am 31.August 1808 seinen Abschied. Am 07.Februar 1811 wurde er als inaktiver Offizier wieder aufgenommen und befehligte ab dem 01.März 1813 ein Freikorps, wo er am 06.April 1814 zum Oberstleutnant ernannt wurde. Unter dem Datum des 29.März 1815 wurde er zum Kommandeur des Ulanen-Regiments Nr.6 ernannt, am 03.Oktober 1815 dann zu deren Oberst. Am 08.März 1817 wurde er zum Kommandeur der Kavallerie-Brigade in Münster erhoben, am 05.September 1818 zum Kommandeur der 13.Kavallerie-Brigade und erhielt am 30.März 1822, mit Patent vom 04.April 1822, seine Beförderung zum Generalmajor. Nachdem am 30.März 1830 zum Kommandeur der 6.Kavallerie-Brigade ernannt worden war, wurde er am 30.März 1833 zum Dienst gestellt und verstarb am 06.Dezember 1834.

Anzahl von alten Soldaten, mehrere westfälische Ausreißer, auch Österreicher, welche sich aus der französischen Gefangenschaft befreit hatten, bei uns an, so dass sich das Korps bedeutend verstärkte.

Von da an ging es nach Stendal und an der Elbe weiter nach Werben und Schnackenburg, gingen in der Gegend von Dömitz über die Elbe und da uns die Holländer schon verfolgten, so musste um selbige aufzuhalten, Dömitz besetzt werden.

Mit dem Hauptkorps rückten wir aber weiter und nur eine Abteilung blieb daselbst unter dem Kommando des Lieutenants von F***.[6] Wir kamen nach Hagenau und rückten von dort nach Wismar. Da uns aber die Holländer immer ernstlicher verfolgten, so wurde die ganze Nacht marschiert und am Morgen darauf, als den ersten Pfingsttag früh 06.00 Uhr, kamen wir dort an.

Am zweiten Pfingsttage ging es weiter nach Rostock, um von dort aus Stralsund zu erreichen. Als wir vor Dammgarten an die Peene kamen, war die Brücke abgetragen worden und jenseits stand eine Abteilung Mecklenburger, nebst französischer Artillerie aus Stralsund, welche sogleich Feuer auf uns gaben.

Die 1.Kompanie von uns zog sich aber unbemerkt an der Peene hinunter, setzte bei einem Dorfe auf einem Kahn über und kam also durch Dammgarten dem Feind in den Rücken, während von unserer Seite durch die herangebrachten Gerätschaften recht schnell die Brücke hergestellt wurde.

Die guten Mecklenburger, denen es wohl Leid tat, gegen ihre Landsleute und Nachbarn zu fechten, meinten es nun freilich so ernst nicht mit uns, sowie wir es auch nicht mit ihnen schlimm meinten und machten. Die französische Artillerie wurde durch den Rückenangriff zur Flucht genötigt und musste das Gerät stehen lassen. Mehrere Soldaten, die als Ausländer bei den Mecklenburgern dienten, nahmen bei uns Dienste.

Wir aber rückten sofort nach Stralsund, wo die Franzosen aufgefordert wurden, sich zu ergeben, wozu sie sich auch verstanden. Als wir aber einrückten und die Straße nach dem Zeughause hinabmarschieren wollten, gab die Artillerie Kartätschenfeuer auf uns, so dass zwei Jäger auf der Stelle blieben.

Ein Bürger aus Stralsund führte eine Abteilung Jäger nach einer Straße, von der aus ein verschlossener Gang dahin führte, wo die Artillerie stand. Die Jäger öffneten die dortige Türe und liefen sogleich Sturm, so dass die Artille-

---

[6] Gemeint ist hier der Lieutenant Karl von Francois, der mit einer kleinen Abteilung in Dömitz verblieb. Nachdem er von überlegenen holländischen Truppen am 24.Mai 1809 angriffen worden war, musste er sich zurückziehen.

riebatterie in wenigen Minuten erobert war. Es blieben dabei sehr viele Franzosen.

Stralsund war damals von den Franzosen geschleift worden, deshalb mussten wir alles Mögliche aufbieten, um vor dem Triebseer- und Kniepertore Redouten aufzuwerfen, damit dem Feinde doch einiger Widerstand geleistet werden könnte.

Die Arbeiten geschahen unter der Aufsicht des ehemaligen schwedischen Artillerie-Lieutenants Peterson, Tag und Nacht wurde gearbeitet und man war recht bald damit fertig.

Aber auch schon am 31.Mai ließen sich des Morgens sehr früh die Holländer sehen, 5.000 Mann stark[7]. Unseren Geschützen boten ihnen indes einen kräftigen Morgengruß, welchen sie uns nicht sogleich erwidern konnten und auf solche Art mehrere Male von unseren Truppen in Respekt gehalten wurden.

Ein großer Teil unseres Korps war den Tag vorher nach der Insel Rügen übergesetzt worden und es waren ungefähr noch 1.100 Mann in Stralsund, welche mit einem verzweifelten Löwenmute fochten. Die Holländer wurden bei ihrem Sturmlaufen mehrere Male zurückgeworfen; aber zu unserem Untergange kamen noch 5.000 Dänen[8] zu Wasser an.

Was sollten nun wohl wir 1.100 Mann gegen 10.000 Mann machen? Wir mussten, da uns die Dänen in den Flanken angriffen, unsere Schanzen verlassen; so zog sich das Gefecht in die Stadt, wo wir uns aufs Neue verteidigten. Mit verzweifeltem Mute wurde auch hier gefochten. Die Husaren und Jäger, die zu Fuße kämpften, wurden alle niedergehauen und Schill selbst fand seinen Tod auf dem großen Markte, wo er sich, von einigen Ulanen begleitet, auf die dort aufmarschierten holländischen Kürassiere stürzt. Den Tod um sich her verbreitend, hieb er den holländischen Kürassier-Oberst vor der Front seines Regiments vom Pferde herunter, bevor er sein tatenreiches Leben unter unzähligen Hieben und Schüssen vom Pferde sank.

Endlich musste unsere Tapferkeit wohl der so großen Übermacht unterliegen. Die Holländer mussten diesen Sieg aber mit einem großen Menschen-

---

[7] das holländische Kontingent, unter dem Kommando des Generals P.G. Gratien bestand aus etwa 5000 Mann. Die beteiligten Einheiten waren, das 6. und 9.Linien-Regiment, das 2.Kürassier-Regiment und zwei berittene Artillerie-Kompanien mit 12 Geschützen.

[8] das dänische Kontingent, befehligt von General Ewald, war eher 2.100 Mann stark und setzte sich aus Teilen der Infanterie-Regimenter *Oldenburg* und *Holstein*, vier Eskadronen Husaren, weiterer leichter Kavallerie und 10 Artilleriegeschützen zusammen.

verlust erkaufen. Die eigene Angabe des Feindes an Toten mag einen Beweis unserer Tapferkeit liefern, denn es blieben 1 Divisionsgeneral, 3 Regiments-kommandeure, 37 Offiziere und 1.700 Gemeine.

Besonders tragisch war das Ende des Generallieutenants Cartenet. Denn ganz unvermutet, als er eben Befehl erteilend in einer der Hauptstraßen vor einer Kolonne Infanterie hielt, stürzten aus einem nahe gelegenen Hause zwei Husaren und hieben selbigen blitzschnell vom Pferde; aber bald sanken auch diese Elenden unter unzähligen Wunden zu Boden.

Der Lieutenant Peterson war mit gefangen worden; er wurde den zweiten Tag darauf von den Holländern infolge der Beschuldigung, gegen sein Vater-land gefochten zu haben, erschossen.

Uns Gefangene teilte man in zwei Transporte, wovon der erste von dem 6. und der zweite von 9.holländischen Infanterie-Regiment eskortiert wurde. Unser Marsch ging durch Mecklenburg, wo die Kirchen immer unser Nacht-quartier waren. In einem kleinen Städtchen, namens Grabow, wo wir auch in der Kirche übernachteten, entdeckte ich hinter dem Altar oben eine große Klappe. Ich öffnete selbige und fand da ein leeres Gemach, welches gerade so groß war, dass sich ein Mensch darin verstecken konnte. Ich fasste den Entschluss, wenn des Morgens der Transport fortgehen sollte, mich darin zu verbergen.

Der Morgen brach an und ich blieb fest dabei, mich so lange in diesem Gemach zu verbergen, bis die Kirche wieder von dem Stroh, welches zu un-serem Nachtlager gedient hatte, gereinigt würde. Als nun alles aus der Kirche heraus war, bestieg ich mein Asyl und als ich soeben die Klappe zumachen wollte, riss jemand dieselbe wieder auf. Wer war es? Es war einer meiner Ka-meraden und ein sehr naher Verwandter von mir.

Er fragte: „Was willst Du machen?"

„Wie Du selbst, lieber Vetter, mich verstecken."

Hastig rief er aus: „Das leide ich nicht, wenn Du nicht gleich wieder her-auskommst, so gehe ich hin und zeige es an. Nur recht geschwind, denn wir werden sogleich draußen gezählt werden und wenn wir beide fehlen, so möchte der Verdacht mit auf mich fallen. Ja, wenn hier drinnen für zwei Mann Platz und ich überzeugt wäre, dass uns niemand finden würde, so ließe ich es mir gefallen."

Es half nun nichts, ich musste meinem sauberen Herrn Vetter gehorchen und so gingen wir weiter und kamen bei Dömitz über die Elbe, wo wir dann in einem hannoverschen Städtchen übernachteten. Da hätte ich wohl Gele-genheit gehabt zu entkommen, denn der dortige Küster zeigte mir dazu eine recht gute Gelegenheit, wo ich mich hätte verbergen können. Aber mein guter Vetter ließ mich nicht aus den Augen.

Den anderen Tag kamen wir nach Uelzen, von da dann nach Giffhorn und sodann nach Braunschweig, wo wir sechs Tage blieben. Die braven Braunschweiger verpflegten uns sehr gut. Von Allem entblößt, weil uns die Holländer ganz ausgeplündert hatten, bekamen wir hier Wäsche und Kleidungsstücke in Menge. Die guten Braunschweiger bezeigten das größte Mitleid, sie besuchten uns täglich. Gern würden sie uns mit der Gefahr bekannt gemacht haben, in welcher wir waren, wenn nicht jedes Mal bei ihrem Besuche Gendarmen mitkamen. Denn durch ihren Händedruck haben sie deutlich zu erkennen gegeben, dass es ihnen Leid täte, mit uns nicht sprechen zu können. Man brachte da alles Bettelgesindel zu uns, was man auf den Landstraßen aufgegriffen hatte, damit unser Korps einer Räuberbande ähnlich sehen sollte.

Mehrere von uns, welche Westfalen waren, wurden von dem Transporte abgesondert und erschossen. Ganz unvermutet brachte das dortige Depot des 6.westfälischen Infanterie-Regiments, welches aus lauter Rekruten bestand, uns weiter. Auch sagte man uns, dass wir in Braunschweig unsere Freiheit hätten erlangen sollen, aber wir müssten nun erst bis Kassel, wo wir sie erhalten sollten.

Unsere Wächter wollten uns aber nur mit diesen glatten Worten gut fortzubringen suchen, indem sie uns sehr fürchteten. Warum sie uns so unvermutet wegbrachten, war die Ursache, weil der Herzog von Braunschweig-Oels mit seinem Korps aus Böhmen durch Sachsen kam und seinen Marsch gerade auf Braunschweig genommen hatte.

Wir kamen den ersten Tag nach Salzgitter. Hier erhielten wir die Nachricht, dass der Herzog schon in Halberstadt sei. Es wurde hierauf von uns beschlossen, dass wo wir morgen hinkämen, wollten wir, wenn die Gelegenheit passend wäre, um 12.00 Uhr des Nachts aufzubrechen, die Westfalen entwaffnen und dann so rasch als möglich den Herzog aufsuchen.

Den Morgen ging es nach Seesen, unterwegs wurde schon ein Dorf ausersehen, wo wir Wagen requirieren wollten, um desto schneller fortzukommen. Wir kamen in Seesen an und da die Gelegenheit hier recht passend schien, so wurde unser Vorhaben fest bestimmt und beschlossen, wenn wir etwa den Herzog nicht antreffen sollten, bei Heinrichsberg über die Elbe zu gehen.

Wie es aber immer gewöhnlich der Fall ist, dass unter einer Herde Schafe sich stets ein räudiges befindet, so hatte ein feigherziger Bube unseren Plan verraten. Um 11.00 Uhr wurden die Wachen verdoppelt und auf dem Kirchhofe hatte sich das Bataillon aufgestellt. Ich ging nun in der Kirche herum und suchte, ob ich wohl nicht eine Gelegenheit finden würde, wo ich entkommen könnte. Hinter der Orgel fand ich ein Loch, durch das ich sogleich, ohne mich zu bedenken, hindurch kroch. Ich kam auf eine Treppe, welche ich erstieg und so noch auf eine zweite und endlich befand ich mich auf dem Glockenturm. Hier lag sehr viel Schiefer, welchen ich mir auf einen Haufen zusammentrug, mich unter das Dach zwischen zwei Balken legte und mich mit dem Schiefer zudeckte. Ich glaubte mich nun hierunter ganz sicher, denn es war unmöglich, hier unter diesem Schiefer einen Menschen zu suchen.

Endlich ging die Trommel und ließ das fatale "Kamerad komm!" hören. Die Gefangenen wurden aus der Kirche gezählt; aber was hörte ich sagen: „50 Mann fehlen!"

„Ja", hieß es, „heraus ist niemand mehr gekommen, diese müssen sich noch in der Kirche befinden."

Man suchte weiter und fand in einem Totengewölbe 24 Mann, man suchte weiter und fand auf dem Kirchboden noch 25 Mann.

„Nun fehlt noch einer", hörte ich deutlich sagen, „diesen müssen wir auch haben. Seid Ihr schon auf dem Glockenturm gewesen?"

Die Türe wurde aufgeschlossen und man fing an, nun alles zu untersuchen. Mehrere gingen dicht vor mir vorüber und fanden nichts. Ach, wie schlug mir das Herz, als ich sagen hörte: „Hier ist niemand!"

Ein dummer Rekrut kam aber noch herauf und fing an die Schieferhaufen wegzuräumen und siehe da, ich lag in der größten Angst; aber dieser, voller Freude, fand mich. Ich war mehr tot als lebendig, ging die Treppe mit Zittern hinunter und erhielt, als ich zur Tür hinaustrat, von einem Korporal drei tüchtige Kolbenschläge, so dass ich ohnmächtig niedersank.

Ein Offizier, welcher dazu kam, war über das abscheuliche Benehmen des Korporals sehr unzufrieden und sagte: „Das wird ihm zur ewigen Schande gereichen, mein Freund, dieser Mensch ist ein Landsmann von uns. Wir müssen eher vor diesen braven Kriegern Respekt haben, als sie misshandeln. Dass er die Flucht zu ergreifen suchte, kann ich ihm nicht verdenken."

Dieser brave Offizier wusste wahrscheinlich schon, dass wir in Kassel oder in Mainz erschossen werden sollten. Der Groß-Major[9], obgleich er noch

---

[9] gemeint ist hier der Major Georg Philipp Bosse, der 1806 von der preußischen Armee in die des Königreichs Westfalen übertrat. Hier wurde er 1808 Bataillonskommandeur im 1.Linien-Regiment, 1809 Major und kommissarischer Chef des 6.Regiments und wechselte dann als Oberst zum 2.Infanterie-Regiment. Nachdem er am 24. Mai 1811 Untergouverneur des königliches Palastes geworden war, wurde er im Jahre 1812 pensioniert, trat aber nach dem Untergang des Königreichs Westfalen 1813 wieder zu den Preußen über.

1806 in preußischen Diensten gestanden hatte, war aber nicht des Offiziers Meinung, sondern ließ bei dem nächsten Seiler Stricke holen und uns immer zwei und zwei zusammenbinden und so mussten wir zuletzt am Queue[10] der Kolonne marschieren.

Als wir eine Viertelstunde marschiert waren, wurde auf einmal ein fürchterliches Geschrei von den Gefangenen gemacht. Sie riefen das Wort: „Vos! Vos! Vos!" laut dreimal hintereinander aus. Ich wusste nicht, was dies zu bedeuten hatte; es war das Zeichen zum Angriff auf die Westfalen, um sie zu entwaffnen. Denn unter der Zeit, als ich mich auf dem Turm zu verstecken suchte, hatten sie sich besprochen, diesen Plan unterwegs auszuführen. Da nun aber ein Teil das Abgeben des Losungswortes unrichtig verstanden hatte und schon bei dem ersten „Vos!" die Westfalen zu entwaffnen suchte, so wurde auf diesmal das Vorhaben vereitelt.

Der Groß-Major fragte, indem er hatte Halt machen lassen, was dies zu bedeuten hätte. Unsere Anführer wussten sich aber politisch herauszureden und sagten: „Wir haben darum das Zeichen gegeben, nicht weiter von der Stelle zu marschieren, bis Sie unsere Kameraden hinten hätten losbinden lassen und dann hätten sie auch kein Frühstück erhalten. Es würde also nicht weiter von der Stelle marschiert, als bis sie das Verlangte erhalten hätten."

Der Groß-Major sah wohl ein, dass hier nichts mit Gewalt auszurichten sei, er ließ uns losbinden und sagte, dass wir in dem nächsten Dorfe, wo wir hinkämen, das Frühstück erhalten sollten.

In einer Stunde gelangten wir in einem Dorfe an, wo wir es auch erhielten. Es kamen da noch sechzehn westfälische Kürassiere an, welche uns mit nach Kassel begleiteten und wohl wahrscheinlich auf Verlangen des Groß-Majors, wegen des Vorfalls am selbigen Tage, hatten kommen müssen.

Wir übernachteten bei Göttingen auf einem Dorfe in einer Scheune. Viele von den Studenten wollten uns besuchen, es wurde aber keiner zugelassen. Darauf kamen wir nach Kassel, wo uns den Morgen darauf von dem dortigen Kommandanten gesagt wurde, dass wir hier zwar unsere Freiheit hätten wieder haben sollen, nach neuerem Befehl aber noch bis Mainz gehen müssten, von wo aus wir sie erhalten würden. Es war eigentlich wohl ganz recht gesprochen - die Freiheit erhalten - uns aber aus dieser Welt in jene zu schicken - dies würde wohl die Freiheit gewesen sein, wenn sie nicht dadurch in Kassel einen Aufstand zu befürchten gehabt hätten; denn die guten Hessen gaben uns durch Mienen deutlich zu verstehen, dass sie uns gerne retten möchten.

---

[10] Queue - (veraltet) Ende einer (Marsch-)kolonne

Es ging den Tag nach Fitzlar, den folgenden nach Marburg und von da nach Gießen, wo wir von der hessisch-darmstädtischen Militärbehörde übernommen wurden. Der Capitain, welcher das Kommando der neuen Eskorte führte, war ein sehr würdiger Herr; so wie wir auch von den alten braven Soldaten mit wahrer Hochachtung behandelt wurden.

Von Gießen ging es über Friedberg nach Frankfurt am Main. Hier sah man aus jedem Auge Mitleid. Man beschenkte uns mit ansehnlichen Geldsummen und Kleidungsstücken. Den Tag darauf wurden wir auf zwei großen Kähnen auf dem Main hinunter bis nach Mainz gebracht; wo wir gegen Abend ankamen. Als wir da ausstiegen und von der französischen Militärbehörde übernommen waren, hörte auf einmal alles Mitleid auf und von diesem Augenblick an fühlten wir erst, dass wir Gefangene waren. Der französische Platz-Kommandant machte eine besondere Art von Ausnahme zu seiner Schande. Ob er Bildung besaß, weiß ich nicht, doch seine Schimpfworte und sein Stoßen verrieten nichts besonders von ihm. Man brachte uns sofort in ein abscheuliches Loch und wer nicht gleich hinunterging, wurde hinuntergeworfen. Wir bekamen an diesem Tage weder Wasser noch Brot.

Den Morgen darauf jedoch brachte man uns nach dem Holzturm, wo ehemals der berüchtigte Raubmörder Schinderhannes[11] mit seiner Bande gesessen hatte. Wir kamen in ein finsteres Gemach und ich wurde, da das Loch so finster und um vieles zu enge war, so hart an die Wand gedrängt, dass ich es kaum ertragen konnte, bemerkte aber dabei, dass unten in der Mauer ein tiefes Loch war. Ich untersuchte es mit dem Fuße und fand, dass es so groß sei, dass ich wohl darin Platz haben würde. Ich schob die vor mir stehenden Leute etwas vor und kroch hierauf in das Loch, welches gerade so groß war, dass, wenn ich die Füße heranzog, ich Platz darin hatte. Zu meinem Erstaunen brachte ich hernach in Erfahrung, dass der berüchtigte schwarze Jonas, welcher in diesem Gefängnisse gesessen hatte, sich da hatte durchbrechen wollen.

Wir erhielten hier schlechtes Brot, dicke Hirse in Wasser mit Salz gekocht, worin aber das Salz nicht vergessen war, was wahrscheinlich aus dem Grunde geschah, damit derjenige, welcher noch Geld hatte, dem dortigen Concierge[12] sein saures Bier und seinen schlechten Wein abkaufen sollte. Man konnte da für Geld alles bekommen, nur mit dem Unterschiede, dass man sehr wenig bekam und sehr viel dafür geben musste, so wie denn alles recht auf Geldschneiderei abgesehen war. Mit einem Worte: die deutsche

---

[11] Johannes Bückler (franz. Jean Buckler, gen. Schinderhannes; *25.Mai 1783 in Miehlen/ Taunus; †21.November 1803 in Mainz). Als Anführer einer Räuberbande wurde er auch Räuberhauptmann genannt.

[12] Concierge - (franz.) hier: Gefangenenaufseher

Biederkeit hatte hier aufgehört, die französische Spitzbüberei war aber desto besser vorhanden.

Man sagte uns, als wir einige Tage da waren, dass ein Kurier angekommen sei und wir nun weiter nach Metz gehen müssten. Es soll bestimmt gewesen sein, dass wir in Mainz haben erschossen werden sollen, dieser Kurier aber habe den Pardon gebracht.

Von hier aus brachte man uns in Abteilungen von jedes Mal 20 Mann durch die Gendarmen weiter und wir gelangten am ersten Marschtage über Landshut[13] und Kaiserslautern nach Zweibrücken, wo der dortige Concierge uns auf eine sonderbare Art empfing. Als wir nämlich auf den Gefangenenhof kamen, fing er mit grinsender Miene an: „Ha! Ha! Ha! Man hat schon vor Euch in Furcht und Schrecken gelebt und glaubte, Ihr würdet mit Eurer Bande bald in Frankreich eindringen, aber die Sache mit Euch ist nicht so gefährlich, als man gedacht hat. Nicht wahr, so lange Ihr in den Hohlwegen und Wäldern Euer Unwesen treibt, ging es gut, aber auf dem freien Feld wollte es nicht gehen? Es ist auch gewöhnlich so, wenn erst den Hauptmann der Teufel geholt hat, so ist damit die ganze Bande gesprengt und gefangen."

Zu einem von uns, einem Husaren, der einen großen Bart und ein barbarisches Ansehen hatte, fuhr er also fort: „Wie viel hat er denn nun schon auf den Kopf geklopft?"

Kurzum, der Spott ging doch allzu weit.

Es war nun an diesem Tage sehr heiß, so dass wir alle sehr durstig waren und den Gefangenenaufseher um einen Topf baten, damit wir an der auf dem Hofe befindlichen Pumpe einmal trinken könnten. Er gab nur zur Antwort: „Für Euch Kanaillen ist kein Topf mehr in der Welt, Ihr könnt aus dem Trog saufen."

Wollten wir nun unseren Durst stillen, so mussten wir uns bequemen, aus dem Troge zu trinken. Der Concierge näherte sich dabei der Pumpe und fing an das bekannte Lied zu singen, das mit dem Refrain schließt: „Wenn's immer, wenn's immer so wär."

Alsdann rief er einem jungen Menschen, welcher wahrscheinlich sein Knecht war, die Worte zu: „Hannes, tue Deine Schuldigkeit!"

Hannes fing an zu visitieren[14], nahm uns Rasier- und Brotmesser, Feuerstahl und was wir sonst noch der Art hatten weg und so brachte man uns in eine finstere Kammer.

Als wir den anderen Tag weitergehen sollten, forderten wir unsere Sachen wieder zurück, erhielten aber zur Antwort: „Solches Gesindel braucht keine

---

13 Böck meint hier wohl: Landstühl in der Pfalz
14 visitieren - (veraltet) durch- oder untersuchen

Messer, braucht sich auch nicht zu barbieren, Ihr alle müsst eigentlich gar keinen Menschen mehr ähnlich sehen."

Wir beschwerten uns zwar bei den Gendarmen, erhielten aber kein Gehör.

An demselben Tage kamen wir in das erste französische Dorf und darauf nach Metz, wo wir drei Tage bleiben. Hier fingen wir schon an, Hunger und Durst zu leiden, denn keiner hatte mehr Geld, ja selbst das, was uns eigentlich von Rechtswegen zukam, wurde uns nicht einmal gereicht. Wir waren also froh, als es weiter ging nach Verdun, wo aber die Behandlung nicht besser war.

Von Verdun rückten wir übrigens ohne Rasttag aus und kamen auf ein Dorf ins Nachtquartier, dicht an einem Kirchhofe in ein finsteres Gemach, welches einem Totengewölbe ähnlich sah. Müde und tief betrübt, wie ich war, legte ich mich an der Seite hin; es war mir aber so ungleich unter dem Kopfe und da ich glaubte, dass es ein Stein sei, so griff ich danach, um es zu ebnen. Das Hindernis aber widerstand meiner Hand und als ich es ganz genau untersuchte, war die Erhöhung nichts weiter, als ein Häufchen unter etwas Erde befindlicher Totenknochen und ein Totenkopf, eine recht passende zwar, aber auch schauderhafte Erinnerung an mein Los. Es war natürlich in diesem Gemach ein so unangenehmer Geruch und widriger Dunst, das man es beinahe nicht aushalten konnte. Nach einer sehr ruhelosen Nacht brachen wir auf und kamen zuerst in eine kleine Stadt, deren Name mir entfallen ist.

Von da aber des anderen Tages nach Sedan. Hier trafen wir mehrere unserer braven Offiziere, namentlich die Herren von Wedel, Schmidt und Trachtenberg an, die sich ebenso schmerzlich über unseren Anblick, als wir uns über den ihrigen freuten. Sie durften aber nicht lange mit uns sprechen, denn die Gendarmen trennten uns bald.

„Lebt wohl, brave Kameraden", sagten sie zu uns, „Euer Schicksal wird wohl nicht so hart sein, wie das unsrige."

Ich fragte, ob sie ihr Urteil schon wüssten.

„Nein", gaben sie zur Antwort, „aber so viel ist gewiss, dass wir erschossen werden."

Ich sah sie darauf mit einem Gefühl an, das ich unmöglich beschreiben kann, der tiefste Schmerz durchdrang mich, doch bewunderte ich ihre Standhaftigkeit. Die Gendarmen riefen uns, ehe ich mich sammeln konnte und so mussten wir uns von ihnen trennen. Ihre letzten Worte waren: „Adieu Kameraden, im Jenseits sehen wir uns wieder."

Den anderen Tag darauf waren sie fort nach Wesel gebracht und elf an der Zahl erschossen worden. Ich führe sie hier mit Namen auf; denn wohl verdienen diese wackeren Männer von ihren Zeitgenossen gekannt zu sein. Sie hießen:

Leopold Jahn (*18.06.1778 - †16.09.1809),
Carl Lupold Magnus Wilhelm v. Wedell (*30.06.1786 - †16.09.1809),
Albert v. Wedell (*16.01.1791 - †16.09.1809),
Adolf Theodor Leopold v. Keller (*13.09.1785 - †16.09.1809),
Constantin Johann Nathaniel Gabain (*21.07.1786 - †16.09.1809),
Karl Gustav v. Keffenbrink (*17.11.1791 - †16.09.1809),
Johann Friedrich Ludwig Fhr v.Flemming (*23.10.1790 - †16.09.1809),
Johann Christian Daniel Schmidt (*16.01.1780 - †16.09.1809),
Friedrich-Wilhelm v. Trachenberg (*12.09.1784 - †16.09.1809),
Friedrich Wilhelm Felgentreu (*08.05.1786 - †16.09.1809),
Johann Friedrich Wilhelm Galle (*16.10.1780 - †16.09.1809).

Man brachte uns auf die Festung in ein ganz leeres Zimmer und gab uns den Tag über nichts weiter als Wasser. Wir mussten die ganze Nacht auf den bloßen Dielen kampieren und lagen also hart; mich aber flog doppelt der Schlaf.

Am Morgen erhielten wir jeder 1½ Pfund Brot und Wasser. Ich war schon den Tag über nicht recht wohl, das trockene Brot wollte mir nicht schmecken. Ein Österreicher, welcher bei uns war, hatte im Mecklenburgischen, wo wir in der Kirche übernachtet hatten, aus einem Kirchenschrank ein Gesangbuch gestohlen, welches sehr schön eingebunden und in ein Futteral gesteckt war. Dieses Buch bot er feil und sagte: „Wer mir dafür ein Stück Brot gibt, soll es haben."

Ich sah mein Brot an, ja ich hatte wohl Hunger, aber dieses Buch hätte ich doch auch gerne gehabt. Ei, dachte ich, nicht lange besonnen, dieses Buch musst du haben. Ich gab dem Österreicher mein Brot und erhielt das Buch und es war mir, als hätte ich ein großes Glück gewonnen. Ich hatte eine recht innerliche Freude darüber; ich schlug es auf und siehe da, ich traf ein schönes Trostlied, welches auch so trefflich auf mein Schicksal passte, dass ich es ganz übernatürlich, ja wunderbar fand, in der größten Not, wo mir Alles, Trost, Mut und Gesundheit ausging, im ersten Aufschlagen dieses, mit meinem letzten Bissen Brot erkauften Buches, gleich ein so schönes Trostlied zu finden. Das war kein Zufall, nein, es war offenbar die Schickung Gottes. Denn als ich die Nacht auf den bloßen Dielen liegen musste, wäre ich beinahe in Verzweiflung geraten. Damals hatte ich Gott im Stillen angerufen, mir doch so viel Kraft zu verleihen, dass ich standhaft bleiben und im Vertrauen auf ihm beharren könne.

Dieser mir so wundersam tröstlich entgegen lachende Gesang steht nicht in jedem Gesangbuche und ich sehe mich deshalb veranlasst, die ersten zwei vorzüglich trostreichen Verse niederzuschreiben.

1. „Verzage nicht betrübtes Herz, ob Dich gleich Not und Unglück drückt, denn Du wirst mitten in dem Schmerze von Gottes Händen sein erquickt; wie er auf uns legt Kreuz und Last, so gibt er auch Ruh und Rast."
2. „Will es etwa an den Mitteln fehlen, bricht überall der Mangel ein, so darfst Du Dich nicht darum quälen, denn Gott wird Dein Verpfleger sein. Er als der Herr der ganzen Welt, besitzt ja alles Gut und Geld."

Dieser mir von Gott zugesandte Trost stärkte mich fest in meinem Glauben und treu zu bleiben; mit weinenden Augen dankte ich Gott für die hohe Gnade, welche er mir in diesem Augenblicke hatte zuteil werden lassen. Der Österreicher aber lachte, er fing an über mich zu spotten und meinte: er hätte sich satt gegessen, fragte mich auch höhnisch, ob ich nun auch satt wäre. Ich erwiderte ihm aber nichts, denn in meiner Stimmung fühlte ich mit weit erhaben über so gemeinen Spott.

Als ich nun so über mein Schicksal nachdachte, ging die Türe auf. Es trat ein Frauenzimmer herein, das in der einen Hand einen kupfernen Kessel trug, in welchem gekochte Erbsen und Mohrrüben waren. Die Person fragte in gebrochenem Deutsch: „Wer will kaufen, der Teller voll kostet einen Sous."

Sie sah mich an und musste wohl bemerken, dass ich geweint hatte; sie füllte einen Teller voll und überreichte ihn mir.

Ich sagte zu ihr: „Ich habe kein Geld."

„Dies schadet nicht", antwortete sie, „nehmen Sie nur."

Mit freudigem Herzen nahm ich es an und siehe da, mein Tisch war dennoch bereitet von Gottes Gnade, obgleich ich meinen letzten Bissen hingegeben hatte für sein Wort. Sie verkaufte noch an die übrigen, welche da noch Geld hatten. Als ich nun meinen Teller aufgegessen hatte, erhielt ich abermals einen zweiten Teller voll und auch noch ein Stück Brot von ihr.

Der Österreicher, den das neidete, fing wieder an zu spotten und sagte zu mir: „Du, nimm doch Dein Ketzerbuch und bete, dass nun noch eine kommt, die Dir Fleisch bringt."

Ich sagte nichts dazu; aber die übrigen bestraften ihn wegen des Ausdrucks Ketzerbuch. Es entstand ein so großer Lärm, dass die Gendarmen kamen. Diese untersuchten es, von wem der Streit herkäme und da sie fanden, dass der Österreicher daran Schuld war, so nahmen sie ihn mit und brachten ihn allein in ein Gemach.

Den anderen Tag kamen wir in eine auf dem Schlosse befindliche Kaserne, wo wir täglich 2 Pfund Brot bekamen und 3 Sous haben sollten, die wir aber nicht in die Hände bekamen, sondern als Menagegelder einlegen mussten, wofür Fleisch und Gemüse eingekauft wurde, damit wir von dem wenigen, was wir bekamen, auch die Gendarmen und wohl noch andere bequem ihre Prozente erhalten konnten. Nach unserer Berechnung nämlich war die tägliche Ausgabe für den Mann 2½ Sous. Wir fragten danach, bekamen aber zur Antwort, dass der Kommandant befohlen hätte, dass der halbe Sous erspart werden sollte, damit wir, wenn wir Sedan einmal wieder verließen, etwas Reisegeld haben sollten. Aber dies schien uns doch sehr bedenklich und jeder von uns meinte, wir würden wohl nichts bekommen, denn die Franzosen, sagten wir unter uns, sind Halunken und meinen es mit keinem Deutschen gut.

Hier in Sedan wird ein sehr gutes Bier gebraut, welches ich zufällig durch die eroberte Achtung eines braven und würdigen Offiziers unseres Korps, welcher da auch in Gefangenschaft saß, zu trinken bekam. Dieser brave Offizier war bei Todtendorf blessiert worden, dadurch in westfälische Gefangenschaft geraten und lag nun hier krank, als seine Kameraden erschossen wurden. Er genas nur langsam, zu seinem Glücke, denn als er gesund wurde, war die Zeit der ersten Wut bei Napoleon vorbei und er erhielt hernach Pardon.

Eine Tages wurde ich kommandiert, mit nach Holz holen zu gehen. Der mehrmals erwähnte Österreicher, nun schon mein Feind, war mit dabei und fing an mich zu necken. Da wir nun auf dem Holzhofe lange warten mussten, stellte ich mich ganz allein an die Seite, um in meinen kummervollen Betrachtungen nicht gestört zu sein. Ein wohlgekleideter Herr kam an mich heran und fragte, ob ich auch zu denen da gehörte. Ich antwortete bejahend und da der Mann sehr gut Deutsch sprach, so erzählte ich ihm mein ganzes Schicksal. Er bemitleidete mich und schenkte mir ein Fünffranken-Stück. Nachdem ich mich für dieses Geschenk bedankt hatte, beschloss ich sogleich, mir dafür ein Hemd zu kaufen. Den Gendarmen, welcher zugegen war, fragte ich, ob er nicht mit mir gehen wollte, indem ich mir gern ein Hemd kaufen möchte. Er freute sich darüber, dass ich mein Geld so gut anwenden wollte, war gern dazu bereit, übertrug dem wachhabenden Sergeanten, meine Kameraden mit dem gelieferten Holze nach der Kaserne zu begleiten und ging so mit mir fort.

Wir gingen an einer Dame vorbei, die ich freundlich grüßte; sie fragte den Gendarmen, wo er mit mir hinzugehen gedächte, worauf der antwortete, dass ich für das Geld, welches ich geschenkt bekommen hätte, ein Hemd kaufen wollte. „Ei, das ist brav", sagte sie, „kommen Sie mit, ich habe gute Wäsche."

Als wir zu der Dame hinkamen, erhielt ich ein gutes Frühstück und zwei schöne Hemden. Dabei sagte sie: „Für Ihr Geld kaufen Sie sich etwas zu essen."

Zu dem Gendarmen aber sagte sie, er möchte öfters mit mir zu ihr kommen. Dies alles dolmetschte mir mein braver Begleiter. Da ich nun kein Französisch sprach, so gab ich ihr durch Mienen meine Dankbarkeit zu erkennen.

Also war die Vorsehung Gottes täglich mit mir; so fanden mich täglich Beweise seiner Güte und immer fester wurde mein Glauben, dass der, welcher im Unglück nur recht auf Gott vertraut, auch da nicht verlassen ist, wo es auch manches Mal scheint, als wäre Alles aus. Heil dem, der auf den Allerhöchsten baut, geht es auch traurig, bald doch verscheucht heiterer Sonnenblick die trübe Wolke.

In der Kaserne wohnte ich mit sechs recht gut gebildeten Kameraden zusammen. Wir rauchten auch gern Tabak; da wir aber kein Geld hatten und auch nichts bekamen, so verkauften wir jedes Mal zwei Brote und kauften uns Tabak dafür, vermischten selbigen aber, weil er nicht ausreichte, mit getrocknetem Mohrrübenkraut, wildem Meerrettich und Kirschblättern. Ich hatte nun auf die gedachte Art Geld bekommen und wollte auch meinen Kameraden eine Freude zu machen suchen. Ich kaufte daher ein halbes Pfund Tabak, vier Flaschen Sedaner-Bier und überraschte sie so damit, dass sie es sich gar nicht enträtseln konnten, wie es möglich wäre, heute einmal eine gute Pfeife Tabak rauchen zu können. Da es nun für uns zugleich auch ein Festtag war, so bat ich den Gendarmen, mit mir nach der Stadt zu gehen und da noch einiges einzuhandeln.

Als wir bei einem Schlachter eingetreten waren, um da Fleisch zu kaufen, hörte ich, dass in der Stube jemand Forte-Piano spielte und sagte, dass ich für dieses Instrument etwas schreiben könnte. Die Frau des Schlachters lachte, sowie auch der Gendarm und beide meinten, ich möchte davon doch einen Beweis geben. Sie brachte mir ein Notenbuch und ich schrieb da ganz schnell eine deutsche Ekossaise[15] ein, welche von dem jungen Menschen in der Stube gespielt und mit dem größten Beifall aufgenommen wurde. Man gab mir Notenpapier, Tinte und Feder mit nach der Kaserne, um da mehreres von dieser Art zu schreiben und ich erhielt zur Belohnung einen halben Schinken. Fröhlich ging ich nun nach meiner Kaserne und sagte zu meinen Kameraden: „Seht her, hier ist wieder Gottes Segen."

[15] Ekossaise - ein ursprünglich aus Schottland stammender Tanz, der über Frankreich nach Deutschland gelangt ist.

Ich besuchte mehrmals jene Dame, von welcher ich die Hemden bekommen hatte und von dem Schlachter hatte ich auch manchen Genuss durch meine Musikkenntnis.

Den 18.Dezember endlich benachrichtigte man uns von dem bevorstehenden Weitermarsch, ohne jedoch zu bemerken, wohin wir gehen sollten. Einige Tage darauf wurden wir auch wirklich in Transporten zu 20 Mann fortgebracht. Ich hatte das Unglück, nicht mit meinen Kameraden fortzukommen; sie marschierten einen Tag früher, was mir doppelt Leid war, da zwei darunter waren, die gut Französisch konnten. Diese gaben mir das Versprechen, dass, wenn sie über unser Schicksal etwas erfahren könnten, sie es in den Gefangenenhäusern entweder mit Kreide oder mit einem Nagel an die Wand schreiben wollten.

Am 31.Dezember wurde ich mit noch 19 Mann von der Festung heruntergebracht. Es kam gerade ein Gendarm aus der Tür des Kommandanten herausgetreten mit einem kleinen Sack unter dem Arme. Ich glaubte nicht anders, als dass der Gendarm das Geld trage, welches der Kommandant für uns in den vier Monaten gespart hätte. Aber ich hatte mich gewaltig geirrt!
Als der Gendarm den Sack öffnete, waren kleine Ketten darin, welche er herausnahm. Wir fragten zwar nach unserem Gelde; es wurde uns aber gesagt, dass die Lebensmittel teuer und die ersparten Sous zugesetzt worden wären. Damit mussten wir uns nun begnügen. Die Gendarmen schlossen uns nun immer zwei und zwei zusammen und so wurden unserer vier an einer kleinen Kette befestigt. Dann kamen für uns fünf zweirädrige Karren, jeder mit einem Pferde bespannt, an, worauf wir uns setzen mussten und so ging der Marsch vorwärts.
An diesem Tage kamen wir in ein kleines Städtchen zwischen Thionville und Sedan. Als ich in das Gefängnis kam, sah ich mich gleich um, ob meine Kameraden nicht etwas Neues angeschrieben hätten; aber großer Gott, was sah ich! Es stand mit Kreide geschrieben:

Wir kommen auf 25 Jahre nach Toulon auf die Galeere!

3.Kapitel
Galeerensklave ! - Die rettende Idee -
Bei barmherzigen Nonnen - Mein Leben als Sklave

Jeder von uns ging hin und las es, weil immer ein jeder glaubte, es wäre nicht recht gelesen worden. Als der erste Schauder vorüber war, rief ich die Worte aus: „Gott mag das Unglück wenden, es steht in seinen Händen!" Eine lange Zeit herrschte ein tiefes Stillschweigen. Endlich aber gesellten sich Ratten zu uns und einige von uns fingen an hoch aufzuschreien. Dieses Ungeziefer war da so dreist und in solcher Menge vorhanden, dass sie uns das Brot unter den Händen wegnahmen. Wir erschlugen mehrere, denn wir konnten die ganze Nacht vor diesem Ungeziefer nicht schlafen.

Als wir den Morgen darauf wegmarschieren wollten, war der Markt so mit neugierigen Menschen angefüllt, dass ich es nicht beschreiben kann. Sie erstaunten, als sie uns erblickten, sichtlich darüber, dass wir Menschen ähnlich sahen und bewunderten am meisten, dass wir sogar Uniformen trugen. Eine Dame fragte mich in gebrochenem Deutsch, ob denn unsere ganze Bande solche Uniformen getragen hätte.

Ich gab schnell zur Antwort: „Es trägt doch die französische Bande auch Uniformen."

Sie sah mich darauf an und sagte: „Sie verstehen mich wohl nicht?"

„Ich verstehe Sie recht gut", versetzte ich, „Madam, wir sind Soldaten und keine Bande wofür Sie uns halten. Wir haben den Namen einer Bande nicht verdient, den könnten Sie nur der Löffelgarde beilegen."

Sie fragte mich, wer die wäre. Ich gab ihr zur Antwort, dass wir bei uns die französischen Soldaten so nannten, welche 1806 unter dem Befehle der Marschälle Soult und Ney gestanden und anstatt des Nationalzeichens einen Löffel auf dem Hute getragen haben. Diese hätten sich auch so schlecht benommen, dass Bürger und Bauern nicht allein von ihnen bestohlen, sondern durch die Zerstörung dessen, was sie nicht mitnehmen konnten, ganz zugrunde gerichtet worden wären; so wie sie überhaupt der ganze Abschaum und Ausschuss der französischen Armee gewesen sein müssten.

„Wir hingegen", fuhr ich fort, „haben nur getan, was unsere Pflicht war; wir wollten unser Vaterland von den Feinden, welche unsere Kirchen entweiht und unsere, wie aller christlichen und gesitteten Völker, Gesetze mit Füßen getreten haben, befreien, nichts mehr und nichts minder. Das aber ist der Beruf des rechtschaffenen Soldaten, nicht das Geschäft des in Banden vereinigten Räubers."

Diese Dame schlug beschämt die Augen nieder, wandte sich zu einigen Herren, welche neben ihr standen und sammelte von ihnen einige Franken zusammen, welche sie mir zur Verteilung gab.

Es regnete den Tag sehr stark und ganz durchnässt kamen wir hinter Montmedy in ein Dorf, bei einem Gendarmen in einen Pferdestall, der etwas tief lag, ins Nachtquartier. Da es sehr stark regnete, so war das Wasser so tief in den Stall gedrungen, dass wir am Morgen, als wir erwachten, noch durchnässter waren als gestern und so ging es dann in den durchnässten Kleidern den Tag bis nach Verdun.

Den Tag darauf konnten wir es vor Frost in unseren wieder durchnässten Kleidern kaum aushalten, wir baten also den Gendarmen, dass er uns doch von dem Wagen absteigen lassen möchte, weil wir gern laufen wollten, um uns zu erwärmen, was er uns aber nicht gestattete. Wir kamen die Nacht nach Saint-Mihiel, wo wir einmal wieder etwas ordentliches Warmes zu essen erhielten.

Am Morgen darauf marschierten wir durch ein Dorf. Eine alte Frau ging vor uns vorüber, welche, als sie uns sah, die Zunge lang zum Halse heraus-streckte und uns anblökte. Uns verdross diese Ungezogenheit und wir erwi-derten ihr mit Gleichem; aber da kamen wir schlecht weg, alle Jungen rief sie zusammen und diese begleiteten uns mit Stein- und Kotwürfen zum Dorfe hinaus, ja die Gendarmen mussten zuletzt mit der flachen Klinge auf das Ge-sindel einhauen und dennoch kamen wir kaum mit heiler Haut davon.

Unser weiterer Marsch ging ohne merkwürdige Vorfälle über Bar-la-Duc und Langres und Dijon. Die Gefängnisse waren bis dahin alle finstere und abscheuliche Löcher gewesen, so dass wir uns zuletzt vor Ungeziefer nicht mehr bergen konnten.

Von Dijon kamen wir nach Chalons, von da nach Macon, wo wir zum ers-ten Mal wieder in ein warmes Zimmer gelangten. Es saßen da französische Refractairs, das heißt so genannte unsichere Kantonisten. Die Leute schienen wohlhabend zu sein, denn sie hatten viel Geld, da natürlich die jungen Leute aus den besseren Ständen sich am liebsten der mörderischen Konskription, die jährlich 100.000 Mann kostete, zu entziehen suchten.

Sie waren mitleidig und teilten uns von allem, was sie hatten, gerne mit. Sie reinigten auch unsere Kleider von dem Ungeziefer und brannten sie über ihrem Kohlenfeuer aus. Des Abends brachte man uns in einen langen Saal, wo viel Stroh lag; wir freuten uns, dass wir einmal gut schlafen würden, hat-ten uns aber sehr geirrt. Denn in diesem Stroh war so viel Ungeziefer, dass es gar nicht zu beschreiben ist. Es war nicht möglich, dass man ein Auge zutun konnte.

Als dann der Morgen anbrach, waren unsere Kleider von außen ganz voll von Ungeziefer, was mochte wohl nun nicht inwendig sein? Die mitleidigen Franzosen indes reinigten sie uns nochmals und so ging es denn diesen Tag nach Villefrancaise und von da nach Lyon, wo wir drei Tage blieben.

Als wir nun von Lyon zu Fuß wieder fort marschierten, brachte man einen französischen Deserteur zu uns, welcher aus dem Lazarett kam. Dieser Mensch wurde mit seiner rechten und meiner linken Hand zusammengeschlossen. Kaum waren wir eine Meile gegangen, so sagte er auf Deutsch zu mir: „Hören Sie, lieber Freund, ich habe in der Zeitung gelesen, dass Sie 25 Jahre auf die Galeere kommen."

„Leider", sagte ich, „ich bin auch schon davon unterrichtet."

Er erzählte mir nun, dass er in Toulon gewesen sei und gesehen habe, wie schrecklich die Sklaven dort behandelt würden.

„Wenn ich Sie wäre, mein Freund", fuhr er fort, „so ginge ich nicht mit auf die Galeere."

Ich sah ihn verwundert an und fragte, wie ich denn das anfangen sollte?

„Sie müssen ins Lazarett gehen", sagte er ganz ruhig.

„Wie soll ich aber dahin kommen", erwiderte ich, „da ich doch gar nicht krank bin?"

„Sie müssen sich krank machen", war seine Antwort.

„Leidet denn aber meine Gesundheit nicht dabei", fragte ich nun weiter, „wenn ich das tue und ist es denn nicht eine Sünde?"

„Ach Narrenpossen", fuhr er heraus, „wenn es keine Sünde ist, dass Napoleon Sie 25 Jahre auf die Galeere schickt und in Eisen schmieden lässt, weil Sie als rechtschaffener Deutscher gegen den Wüterich gefochten haben, so ist dies wahrhaftig auch keine. Sie sind auch gar zu gewissenhaft, für diesen unschuldigen Betrug bestraft Sie der liebe Gott gewiss nicht, sehen Sie, wie es Gott so wunderbar gefügt hat, dass ich mit Ihnen heute zusammengeschlossen werden muss und Ihnen den guten Rat mitteilen kann. Was ich tue ist der Gesundheit nicht schädlich."

Er griff in seine Tasche und holte eine kleine Flasche heraus. „Sehen Sie", sprach er, „das hier ist mein Schutzgeist, der mich von dem Soldatenstande rettet und vor feindlichen Kugeln schützt. Ich will Ihnen meine ganze Geschichte erzählen."

Er fing also an: „Ich bin ein geborener Lothringer, der einzige Sohn wohlhabender Eltern. Ich sollte Soldat werden. Mein Vater kaufte aber einen Stellvertreter für mich. Nach einem Jahre wurde ich wieder aufgefordert und man sagte, der Stellvertreter wäre desertiert und ich müsste nun selbst für ihn eintreten. Ich sollte nun mit nach Spanien marschieren; als ich aber bis nach Toulon kam, desertierte ich und gelangte ganz glücklich bis an den Rhein. Hier erwischten mich aber die Gendarmen. Ich wurde nun krank und so nach Straßburg gebracht, woselbst ich ins Lazarett kam. Dort aber hat mir ein alter Spitalbruder dies Rezept mitgeteilt. Ich habe schon mehrere Male Gebrauch davon gemacht und dass es probat ist, verbürgt sich wohl dadurch, dass ich von Straßburg bis Lyon 1 Jahr und 4 Monate zugebracht habe. Ehe ich nach Spanien zur Armee komme, ist gewiss Friede. Sobald wir nun nach Valence kommen, so gehe ich wieder ins Lazarett und wenn Sie mir versprechen, will ich Sie mit meinem Mittel bekannt machen."

Da ich nun eine ungeheure Furcht vor der Galeere hatte - was sich wohl gut denken lässt - so entschloss ich mich zu dieser unter den obwaltenden Umständen verzeihlichen, sonst aber gewiss sehr strafbaren Betrügerei, ohne mich dabei weiter zu bedenken.

Hierauf teilte er mir sein Mittel mit, das ich aber hier zu beschreiben billig Bedenken trage, da es sehr einfach und täuschend ist, ich jedoch um alles in der Welt nicht Ursache sein möchte, dass ein so probates Hilfsmittel möglicherweise solchen Leuten bekannt würde, die sich nicht scheuen dürften, aus Feigheit oder Faulheit dem Dienste des Königs und Vaterlandes sich zu entziehen, und aus verbrecherischer Absicht das zu tun, was ich zur Rettung unverdienter Schmach in höchster Not unternahm. Ich schweige also von jener Mitteilung und fahre in meiner Erzählung fort.

Mit diesem Gespräche kamen wir in die Stadt Vienne. Hier erhielten wir von der Charité eine Suppe mit alter Kuhlunge und ungeschälten Kartoffeln. Man glaubte da wahrscheinlich, dass solch eine Speise für arme Unglückliche gut genug sei.

Den Morgen darauf kamen wir in einen kleinen Ort, wo uns ein mitleidiger Mann freudig entgegenkam und uns recht herzlich gerührt die Nachricht mitteilte, dass wir nicht auf 25 Jahre, sondern nur auf des Kaisers Gnade zur Galeere verurteilt waren. Obgleich nun auf die Gnade des Kaisers Napoleon nicht gewaltig viel zu rechnen war, so schien mir doch Menschenleben und Gemütsveränderung sicherer in Gottes Hand zu stehen, als die Umlaufzeit von 25 Jahren in Napoleons Willen und des war mir, als sei ich jetzt mehr in Gottes Macht als in der Menschen Gewalt. Meine Freude bei diesem Gedanken war lauter und rein, meine Hoffnung stieg und ich betete still vergnügt zu Gott.

Da sagte plötzlich der Lothringer zu mir: „Sehen Sie, wenn Sie nun eine Zeit lang in Valence im Lazarett bleiben, so kommen Sie vielleicht gar nicht nach Toulon."

Das war mir ein neues Hoffnungszeichen und ich beredete mit dem guten Ratgeber meinen Plan.

Am anderen Morgen also meldeten wir uns beide krank. Wir bekamen einen Wagen und sobald wir in Valence ankamen, wurde wir als Kranke angemeldet. Der Arzt kam bald, wir hatten uns aber schon vorbereitet und als wir nun gerufen wurden, war alles in gehöriger Krankenordnung. Ich musste dem Doktor die Zunge zeigen und dann fühlte er mir den Puls, worauf er ganz bedenklich sagte: „Sacre nom de Dieu!"

Wahrscheinlich ging mein Puls sehr unruhig, denn ich hatte schrecklich Angst. Alsbald wurde ein Gendarm befehligt, uns beide ins Lazarett zu bringen. Wir gingen auf dem Wege dahin sehr langsam und matt und wurden von den Vorübergehenden reichlich beschenkt, kamen endlich an und eine alte würdige Nonne des heilsamen und wohltätigen Ordens der barmherzigen Schwestern empfing uns an der Klosterpforte. Dieses Lazarett war nämlich in einem Kloster und die Nonnen des gedachten Ordens hatten den schönen Beruf, die Kranken zu pflegen.

Als ich in den ersten Krankensaal eintrat, kam sogleich eine junge schöne Nonne auf mich zu, fasste mich beim Arme und führte mich an einen Ofen, wo ich mich hinsetzen musste. Sie ging hierauf fort, kam aber gleich wieder und brachte mir einen Napf voll Bouillon; hernach führte sie mich an ein Gardinenbett, gab mir einen Mantel und ein reines Hemde und bedeutete mir, dass ich hinter das Bett gehen, mich ausziehen, das Hemde und den Mantel anziehen und so lange mich hinsetzen möchte, bis sie wieder käme. Ich zog mich geschwind aus, packte meine Sachen schnell zusammen und warf sie beiseite, damit das darin befindliche Ungeziefer mir nicht auf die Spur kommen möchte, worauf ich mein Gesangbuch nahm und das Lied betete: Wer nur den lieben Gott lässt walten.

Endlich kam die Nonne wieder, welche Schwester Anna hieß und brachte eine Wärmflasche, um mir das Bett zu wärmen. Sie sah mein Buch, es gefiel ihr, sie besah es, fing an die vorne auf der ersten Seite mit großen Buchstaben stehenden Worte „Gnade und Friede von Gott" zu buchstabieren und fragte mich, wie selbiges auf französisch heiße. Zufälligerweise wusste ich dieses so halbwegs und antwortete: „Grace de Dieu."

Darauf erwiderte sie: „Ah, vous ètez un bon Chretien."

Sie fragte mich weiter, was ich für eine Religion hätte. Ich verstand wohl, was sie meinte, konnte aber doch auf Französisch nicht recht antworten, tat nun also, wenn ich sie nicht recht verstände. Hierauf nannte sie mir alle Religionen der Reihe nach, wobei ihre letzten Worte mir wie Hussiten und Mohammedaner klangen. Eine Antwort konnte ich ihr doch nicht geben, demnach erhielt ich mein Buch zurück und sie sagte mir „Gute Nacht!"

Den Morgen darauf kam der Doktor, der sehr gut Deutsch sprach. Er fragte, was mir fehlte. Ich sagte, ich hatte die Brustkrankheit. Er verschrieb mir Medizin und befahl der Schwester Anna, Acht auf mich zu geben, indem er mich heute zu seiner Verwunderung ganz gesund finde. Ich glaube über die Schwester Anna hatte ich die Wiederholung meines Mittels vergessen. Sie kam bald, brachte mir die Medizin und fing an, einige Worte gebrochen Deutsch zu sprechen, fragte auch nach manchen Gegenständen, wie selbige auf Deutsch hießen.

Des Mittags teilte sie den Kranken das Essen aus. Als sie zu mir kam, sagte sie zu mir, ich möchte jetzt wählen, was ich haben wollte. Ich sagte aber, dass ich ihr solches überlassen wollte, denn was sie mir gäbe, würde wohl das Beste sein. Ich hatte mich auch nicht geirrt, denn ich war mit ihr vollkommen zufrieden. Sie war übrigens mit jedem Kranken sehr bescheiden; aber es schien mir doch, dass ich im ganzen einige Vorzüge hätte.

Schwester Anna war übrigens sehr schön, die Natur hatte sie prachtvoll ausgestattet; ihre schönen Augen leuchteten wie die einer heiligen Jungfrau. Alles dies war ein herrlicher Anblick. Sie hätte wohl ein schöneres Los verdient, als da in den alten Mauern einsam ihr Leben zu fristen. Wenn ich indes bedachte, wie wohltätig ihr Beruf sei und wie brav sie ihn erfüllte, so musste jener Gedanke der Hochachtung weichen, die sie mir einflößte. Mir fiel dabei ein, wie unser Erlöser die Kranken geheilt und ihnen Trost zugesprochen hatte.

Ich fragte sie einmal, als ich schon besser mit ihr sprechen konnte, warum sie denn ins Kloster gegangen sei? Sie sagte mir aber, dass sie von Kindheit an darin gewesen wäre und nicht wüsste, wer ihr Vater oder Mutter seien.

Als ich zwölf Tage da gewesen war, meinte der Doktor, dass ich gesund sei und morgen heraus könnte. Aber die alte Schwester Maria, welche dort viel zu sagen hatte, mir gewogen war und auch von meinem Schicksal wohl unterrichtet sein mochte, sagte: „Nein, dieser Mensch ist noch zu schwach!", worauf der Doktor sagte, dass ich so lange bleiben könnte, als sie mich behalten wollten.

Eines Tages kamen Schwester Anna und Schwester Maria heran und sagten, ich möchte ihnen etwas vorlesen. Ich hatte gerade mein Gesangbuch aufgeschlagen, schlug die Litanei auf und las dieses Worte vor: *Kyrie eleison, Christe eleison!*

Worauf sie nun ganz starr auf das Gesangbuch sahen und voller Freude zu sein schienen. Ja sie nahmen es mir weg, um es den übrigen Schwestern zu zeigen und endlich kam die alte Schwester Maria wieder mit den Worten: „*Vous ètez un bon Chrétien.*" Auch die Schwester Martha brachte mir ein deutsches Gesangbuch und von dieser Zeit an waren sie mir alle gewogen.

Den anderen Tag forderte mich Schwester Anna auf, mit ihr in die Messe zu gehen. Es war das erste Mal, dass ich in eine katholische Kirche kam und meine Verlegenheit war nicht gering. Die Nonne kniete nieder und ich folgte ihrem Beispiele. Hierauf gab sie mir ein französisches Gesangbuch, worin ich aber leider nichts lesen konnte. Ich machte aber alle Zeremonien ihr getreulich nach und dadurch erwarb ich mir noch mehr Liebe und Achtung. Als wir nun aus der Kirche zurückkamen, erhielt ich ein sehr gutes Frühstück, welches ich sonst nicht bekam.

Seit der Zeit wurde ich alle Morgen und auch öfters des Nachmittags aufgefordert, mit nach der Kirche zu gehen. Mir fiel aber die Sache aufs Gewissen und ich wich deshalb allmählich von allen Zeremonien ab und ich betete für mich allein, bemerkte aber nicht, dass mir dieses Benehmen bei den Schwestern auch nur im mindesten übel genommen wurde.

Mein Freund, der Lothringer, kam eines Tages zu mir mit den Worten: „Mein Freund, wir müssen uns trennen. Ich habe einen Ausschlag am Leibe bekommen, welcher hier nicht kuriert wird und ich glaube, dass, da sie immer Umgang mit mir gehabt haben, auch Sie nicht davon frei sein werden. Morgen gehe ich ab. Leben Sie wohl und denken Sie öfters meiner, so wie ich an Sie denken werde. Ich will Gott bitten, dass er Ihnen Ihr hartes Schicksal mag tragen helfen; seien Sie versichert, dass Sie an mir einen wahren Freund haben und wenn Sie einstmals Ihre Freiheit wiedererlangt und nach Saarbrück kommen sollten, so fragen Sie nur nach Wilhelm Clausius."

Somit ging er den anderen Morgen fort. Schon längst hatte ich leider an mir einen Ausschlag bemerkt, suchte ihn aber immer zu verbergen. Es waren unter der Zeit, dass ich in dem Lazarette war, mehrere von dem Schillschen Korps dahin gekommen, welche nun wieder völlig hergestellt waren und von da abgehen sollten. Da ich nun ganz gesund war und mich wegen der Hautkrankheit, die ich hatte, vor den Nonnen schämte, so meldete ich mich ebenfalls, dass ich fortgehen wollte. Die Schwestern sahen mich an und fragten, was mir fehle und warum ich denn fort wollte, ob ich die Gefahr nicht kennen würde, ich welche ich mich dadurch stürzte?

„Wir wollen Sie vor allem Unheil schützen, so lange es uns möglich ist", sagten diese braven Nonnen. Ich war in der größten Verlegenheit.

Schwester Anna und Martha sagten: „Wenn es nur erst gutes Wetter wird, dann sollen Sie sich schon hier in unserem Garten die Zeit recht gut vertreiben; denn wir haben bemerkt, dass Sie da in jenem Zimmer unsere Blumen immer so sorgfältig begossen und sie von trockenen Blättern gereinigt haben und deshalb glauben wir, dass Sie ein großer Blumenfreund sind und haben Sie schon zu unserem Gärtner ausersehen."

Ach, wie wohl hätte ich getan, das gute Anerbieten der würdigen Schwestern anzunehmen! Wie vielen Leiden wäre ich entgangen! Aber so ist es, selten weiß der Mensch, was zu seinem Frieden dient. Ich hatte von dem Galeerensklavenleben gar keine rechte Vorstellung; Unglück und harte Behandlung war ich schon gewohnt worden; ich sehnte mich nach meinen Kameraden und wie ich schon früher gesagt hatte, war mir diese böse Krankheit ein Stein des Anstoßes.

Also blieb ich bei meinem festen Vorsatze und ging den Morgen darauf mit den übrigen fort. Von den braven Schwestern erhielt ich sehr schöne Wäsche und gute Kleidungsstücke, sowie auch Reisegeld. Es fing den Tag, als wir den Marsch antraten, stark an zu regnen. Der Gendarm, welcher uns nach Carpentras bringen sollte, hatte den Weg verfehlt und so kamen wir in ein Dorf, dessen Name mir entfallen ist. Es kam aber ein Mann, welcher uns fragte, was wir für Landsleute wären und als er unsere Antwort: „Preußen" vernahm, gleich sagte: „Die Leute bleiben hier und das auf meine Unkosten."

Wir wurde sofort unter ein Tor gebracht, um dem Regen nicht ausgesetzt zu sein, worauf der Mann fortging, aber gleich darauf wiederkam und zwei Frauen mitbrachte, welche Körbe mit Lebensmitteln trugen. Ein Mädchen schenkte jedem ein Glas Franzbranntwein, auch erhielt jeder ein weißes Brot und ein Stück Käse. Man brachte uns hierauf in ein reinliches Zimmer, wo wir des Abends gut gespeist wurden und Wein zu trinken bekamen.

Der Mann erzählte uns, dass sein Vater zur Zeit der Revolution in Magdeburg und Brandenburg gewohnt hätte, dass er dort sehr gut aufgenommen worden wäre, er nun also zur Dankbarkeit gegen alle Preußen verpflichtet sei. So etwas hatten wir in Frankreich kaum erwartet. Als wir den anderen Tag fortgingen, erhielten wir jeder einen halben Kronentaler, ein gutes Frühstück und schieden mit Segenswünschen von diesem braven Franzosen, den Gott reichlich belohnen möge für seine Guttat.

Von da kamen wir nach Orange, Avignon, ferner nach Aix und endlich nach Marseille. Es kamen aber zwei schlecht gekleidete Frauen, welche, als wir in die Stadt gingen, vor uns ein fürchterliches Geschrei machten. Ich wusste erst nicht, was dies zu bedeuten haben könnte, aber ich bemerkte, dass sie auf ihr Geschrei von den Leuten Geld bekamen. Als wir nun in das Gefängnis gebracht worden waren, so gaben mir die Frauen das Geld, welches sie eingesammelt hatten. Wir waren vierzehn Mann und erhielten davon jeder 3 Franken 18 Sous.

Als wir nun den kommenden Tag von da weiter gingen, waren die Frauen wieder da und sammelten beinahe soviel als Tages vorher ein. Von Marseille aus hatten wir noch drei Tagesmärsche bis Toulon, dem Ziele unseres Marsches.

Am 01.April kamen wir daselbst an. Auf dem Paradeplatze angelangt, klingelte der Gendarm an der Tür eines großen Hauses. Es trat ein Mann heraus, welcher einem recht ausgemergelten Wolllüstling ähnlich sah. Er übernahm die Papiere von dem Gendarmen, sah selbige nach und fragte sehr hastig, einen verächtlichen Blick auf uns werfend: „Welcher von Euch ist ein Sachse?"

Ich war nur der Einzige und meldete mich also, da stieß er ein gräuliches Schimpfwort aus, das ich hier nicht wiederholen mag. Ich war darüber sehr erschrocken, jedoch musste ich mich dareinfinden, da solche Schimpfworte für uns leider nichts Neues waren. Endlich brachte man uns hin nach dem Arsenale. Ach, was erblickten da meine Augen! Es kamen uns zwei Menschen entgegen, welche eine zweirädrigen Karren zogen. Ihre Gesichter verrieten Jammer und Elend, sie waren ganz bleich und abgezehrt; Mützen von rotem wollenen Zeuge gestrickt, hatten sie auf, lange rote Jacken, dort Cosaks genannt, und graue Leinwandhosen waren ihre Bekleidung. Schuhe hatten sie, aber keine Strümpfe. Hinten auf den Jacken, sowie auch auf den Beinkleidern, waren die drei Buchstaben GAL[16] angebracht.

Sie waren beide an einer Kette zusammengeschlossen, einer am rechten, der andere am linken Fuße. Neben ihnen ging ein Mann mit einem Ochsenziemer in der Hand. Mich überlief ein fürchterlicher Schauder; der Anblick versetzte mich in ein tiefes Nachdenken und eine Regung von Reue, nicht in Valence bei den guten Schwestern geblieben zu sein, drang in mein Herz.

Aber als wir weiter kamen, sahen wir der Unglücklichen noch weit mehr. Wir gingen nun über eine kleine Schwungbrücke, wo uns sechs Mann von dieser Art begegneten, welcher aber wider alle unser Vermuten sehr lustig waren. Sie sangen die Marseillaise *„Allons enfans de la patrie..."*, trugen aber

---

[16] GAL - französische Abkürzung für Galérien/ Galeere

grüne Mützen auf dem Kopfe. Diese waren überhaupt sehr freche Bestien, sie hießen uns ganz spöttisch willkommen und sagten: „Das ist doch sehr brav von unserem Kaiser, dass er dafür sorgt, dass wir hier nicht allein sind."
Ich erfuhr aber nachher, dass dies ganz schwere Verbrecher wären, indem sie die grüne Mütze tragen, als Zeichen, dass sie schon einmal von den Galeeren desertiert waren und zu ihrer 25-jährigen Strafe noch für die Desertion 24 Jahre mehr erhalten hätten.

Ich ging voran; ein schreckliches Getöse, Gepfeife und Kettengerassel schallte in meine Ohren und als wir näher kamen, da sahen wir der Unglücklichen noch weit mehr, doch immer noch nicht unser Unglück in seiner ganzen Größe. Der Leidenskelch war noch nicht ganz gefüllt - wer schauderte nicht, ihn zu leeren!
Das Bassin war voller Wasser und die Menschen, welche wir da sahen, mussten selbiges mit den 32 Pumpen, welche daselbst angebracht waren und an deren jeder 16 Mann drehten, herausschaffen. Als wir nun da vorbeigingen, brachte man zwei der Unglücklichen getragen, denen das Blut zum Munde herauskam. Diese hatten sich bei dem Pumpen die Brust ganz zerquetscht. Furcht und Schrecken ergriffen uns alle bei diesem traurigen Anblicke und jeder sah in dem Zustande der Verletzten sein eigenes mögliches Schicksal. Indessen, was half alles, der Kelch des Jammers war einmal eingeschenkt und musste geleert werden, bis es Gott gefiele, ihn von uns zu nehmen.

Endlich kamen wir in den Bagno, den Sklavenhof; links waren Gebäude, welche Kasernen ähnlich sahen und rechts daneben lagen Schiffe im Hafen, welche mit großen Ketten an den Uferbollwerken festgemacht waren. Über das Verdeck eines solchen Schiffes war ein Stockwerk aufgebaut und mit einem Dach aus Brettern versehen. Man brachte uns an das größte Sklavenschiff, welches den Namen *Lazare* führte und befahl uns, hinauf zu gehen. Oben an der Tür stand ein großer Kerl, der eher das Ansehen eines Teufels als eines Menschen hatte. Er war von Geburt ein Korse, sah im Gesicht ganz braun aus und hatte an der Lippe ein schwarzes Gewächs, einer großen Kirsche gleich, in der Hand aber einen Ochsenziemer. Mit Zittern erstieg ich zuerst die Treppe; als ich bald hinauf war, stellte sich dieses Ungeheuer mit seinem Ochsenziemer in Parade und wie ich nun zur Tür hineintrat, erhielt ich einen so unsanftes Willkommen, dass ich laut aufschrie.
Es war ein fürchterlicher Anblick, als ich hinein kam; auf der einen Seite standen auf den Galeerenbänken rotgekleidete und auf der anderen Seite schwarzgekleidete Sklaven. Der Korse, welcher uns bewillkommnet hatte, trat herein und da die Galeerensklaven etwas unruhig wurden und miteinan-

der sprachen, so nahm er eine silberne Pfeife, welche er an einer silbernen Kette trug und pfiff. Schnell setzten sich die Sklaven auf ihre Bänke nieder und alles war ruhig; eine gute Gehorsamslektion, die wir gleichsam zum Empfange bekamen.

Hierauf trat ein junger Mann mit einem Schreibbrett in der Hand aus einem Zimmer, er grüßte uns freundlich, was mir wieder etwas Trost einflößte und fragte jeden von uns in sehr guter deutscher Sprache nach seinem Namen und dem Geburtsorte. Als ich ihn so recht betrachtete, wurde ich gewahr, dass er ein kleines Eisen um den Fuß trug, also wohl auch ein Sklave sein musste, doch augenscheinlich höheren Grades, als die anderen Unglücklichen. Sobald er alles aufgeschrieben hatte sagte er: „Man befiehlt, dass Sie weiter hinter gehen sollen."

Indem wir nun gingen, reichte mir einer von den schwarzgekleideten Sklaven die Hand. Ich blieb stehen und er fragte: „Kennst Du mich nicht mehr?"

„Gerechter Gott!", rief ich, „ist es möglich, bist Du es?"

„Ja, ich bin es!", antwortete er.

Es war mein ehemaliger Feldwebel, welcher sich aber gar nicht mehr ähnlich sah, denn er war abgezehrt wie ein Skelett. Mehrere von den schwarzgekleideten Unglücklichen reichten mir stillschweigend die Hände und nun sah ich erst, dass alle die so gekleideten meine ehemaligen Kameraden waren. Als wir am Ende des Raumes waren, wurden uns die Haare ganz kahl abgeschoren und dann mussten wir uns nackend ausziehen. Als der Korse den schrecklichen Ausschlag an mir sah, schien es mir doch, als wenn dies in ihm etwas Mitleid erregte; er schüttelte bedenklich den Kopf und sagte: „*Abominable!*" Man brachte uns hierauf die Sklavenhemden von grober rauer Leinwand, desgleichen ein Paar Hosen und eine von ganz grobem Tuche zusammengeheftete Sklavenjacke, an welcher hinten, oben am Halse, ein zwei Finger breiter, aufgeschlitzter Tuchlappen, ungefähr eine Hand lang, herunterhing. Dieses hatte - wie ich später erfuhr - die Bedeutung, dass den Galeerensklaven in früheren Zeiten die Zunge in der Mitte aufgeschlitzt wurde, damit sie nicht sprechen konnten.

Endlich erhielten wir noch einen groben grauen Mantel. Als der Anzug vollendet war, kam ein Chaloupier[17], welches ein vertrauter Sklave ist und im Solde des Argousin[18] steht. Dieser trug auf der Schulter einen kleinen Amboss, den er vor sich niederwarf; worauf der Argousin, der eben erwähnte Korse, mit rauer Stimme und der Pantomime des Ochsenziemers befahl, dass ich mich hinsetzen sollte. Der Chaloupier zog von der Ruderbank eine 26 Pfund schwere Eisenkette hervor, an welcher unten ein Ring war. Diesen leg-

[17] Chaloupier - (franz.) Ruderknecht
[18] Argousin - (franz.) Galeerenprofos

te er mir um den Fuß und so wurde derselbe festgeschmiedet. Der Chaloupier war ein ganz gefühlloser Kerl, denn bei dem Anschlagen sprang der Hammer mehrere Male ab und mir auf den Fuß; es war mir unmöglich, ganz ruhig dabei zu bleiben, obgleich ich vor Schmerz die Zähne so zusammengebissen hatte, dass ich einen Kinnbackenkrampf bekam und erst nach langer Zeit wieder den Mund öffnen konnte.

Nun saß ich da auf der Ruderbank, von Menschen ganz verlassen, in tiefen traurigen Gedanken und wusste erst gar nicht, ob es wohl ein Traum sei oder die bittere grauenvolle Wirklichkeit. Endlich aber brach ich in ein stilles Weinen aus, unter welchem sich wieder meine Gedanken sammelten. Aber gerade nun war der Schmerz erst recht tief und groß. Ich dachte an Frau und Kind, Eltern und Verwandte, denen ich nun wohl vielleicht auf ewig entsagen musste, an die ehrenwerte Gesellschaft guter Menschen, in der ich mich so glücklich gefühlt hatte und aus der ich ausscheiden sollte, um - obgleich schuldlos und im Bewusstsein der Erfüllung meiner Pflicht - auf die Gnade des Tyrannen hin, dem Abschaum der Menschheit, den härtesten Verbrechern zugesellt zu werden.

Nie, so lange meine Augen offen stehen, werde ich das Gefühl vergessen, welches mich damals ergriff; der schwerste Tod kann nicht bitterer sein. Ich dachte hin und her, womit ich wohl diese Strafe verdient haben mochte, aber ich war mir keines Bösen bewusst; denn die guten Vermahnungen meiner braven Mutter und die herrlichen Lehren meines Beichtvaters, des Predigers Herrn Nitzsche, hatte ich ja stets befolgt. Aber eben dieses Bewusstsein, nichts Böses getan zu haben, tröstete mich auf der niedrigsten Stufe meines Lebens und bald gewann ich Fassung genug, um mich zu erheben, hinauf zu Gott mit der inbrünstigen Bitte, mir meine Leiden doch nicht schwerer aufzuerlegen, als ich sie tragen könnte. Und siehe da, der schönste Gedanke stieg in mir auf, dass ja Christus, unser aller Heiland und Vorbild, auch unschuldig gelitten habe und dass alle, die wir hier unschuldig leiden, gerade darum auch Söhne Gottes und Brüder in Christo sind. Dabei hatte ich noch einen herrlichen Schatz; alles war mir genommen worden, aber mein Gesangbuch nicht. Ich nahm es hierauf, schlug es auf und fing den 4.Vers aus dem Liede im Erfurter Gesangbuche 489 zu lesen, welcher anfängt: „Wohl uns, wenn wir mit ihm leiden ..."

Dies stärkte mich so, dass es mir für den Augenblick schien, als sei ich ganz frei und es bewährte sich an mir, dass auch selbst in Fesseln der ein freier Mensch ist, der Gott nur immer vor Augen hat.

Meine Kameraden, welche schon an sechs Wochen da waren, trösteten mich und sagten: „Du kannst noch zufrieden sein, denn Du bist noch gut behandelt worden. Als wir hierher kamen, haben sie mit uns einen gräulichen Spott getrieben. Wir wurden auf einer Seite rasiert und auf der anderen Seite ließen sie den Bart stehen und wenn nun auf der linken Seite der Schnauzbart abrasiert war, so mussten wir ihn und den Backenbart auf der anderen Seite behalten."

Nun erklärten sie mir, dass ich die Tage lang Fleisch und Suppe zu essen und Wein zu trinken bekäme, was man dort die Galeerenklavenhochzeit nenne. Endlich brachte man mir ein hölzernes Gefäß, welches einem Schweinekübel ähnlich sah, mit Fleisch und Brühe, worin einige Stückchen Schiffszwieback herumschwammen. Das Fleisch sollte Rindfleisch sein, es sah aber ganz weiß aus und man sagte mir, dass es Eselsfleisch wäre. Aber meiner Meinung nach, glaube ich wohl, dass es eher von einem kranken Stück Rindvieh gewesen ist, welches dem Fallen nahe war. Ich konnte vor Herzeleid, Schmerz und Ekel jedoch nichts davon essen, sondern gab es meinen Kameraden, denen es doch vortrefflich schmeckte.

Bald holte man das Gefäß wieder weg und brachte in demselben eine Art von Wein, welchen ich aber ebenso wenig trinken konnte. Der junge Mann, welcher bei der Ankunft unsere Namen aufgeschrieben hatte kam und brachte mir ein großes Glas Wein mit den Worten: „Mein guter Landsmann, trinken Sie nur und fügen Sie sich in Ihr Schicksal, das Ihnen die Vorsehung auferlegt hat. Mir ist es ebenso gegangen, aber ich habe mich auch darein finden müssen."

Somit verließ er mich. Ich fragte meine Kameraden, wer dieser Mann sei und erfuhr von ihnen, dass er ein Kaufmann aus Straßburg sei und hier wegen Kontrebandieren[19] säße, was, wie weltbekannt ist, Napoleon durch sein Kontinentalsystem nicht nur seinen Untertanen, sondern auch fremden Fürsten und Völkern streng untersagt hatte, während er selbst recht tüchtig kontrebandierte und mit England Pascherei[20] trieb. Da aber unsere Vorgesetzten nur ein wenig Schreiben und Rechnen konnten, sich aber auf andere Sachen, als Menschenquälen, Betrügen usw. besser verstanden, so hatten sie ihn zum Rechnungsführer genommen und er erhielt dafür jeden Monat 12 Franken, etwa 3 Taler, zur Belohnung.

Ich war aber nun sehr müde und legte mich, wie alle übrigen, auf meinen Mantel unter die Ruderbank, konnte aber zuerst vor lauter Schmerzen an dem Fuß, an welchem ich das Eisen hatte, nicht schlafen. Endlich als die Glocke schon Zwölf schlug, schlief ich ein und verfiel in einen Traum. Ich sah meine Frau mit einem Kinde auf dem Arme und einem an der Hand; auch meine Mutter und so noch mehrere Verwandte. Sie standen jenseits eines

[19] Kontrebandieren - (franz.) Schmuggler, schmuggeln
[20] Pascherei - (veraltet) Schmuggel

Wassers und winkten, dass ich doch hinüberschwimmen sollte. Aber der Korse drohte mir mit dem Ochsenziemer; ich wollte mich vom Ufer hinunterstürzen und so hinüberschwimmen, aber eine Menge böser Geister, in der Gestalt meiner Peiniger, kamen vom Ufer heran und wollten mich greifen.

Ich schrie laut aus: „Lasst mich, Ihr habt keinen Teil an mir; ich bin mit Gott versöhnt, was Ihr an mir sucht, das habe ich längst versucht", und dabei stieß ich nach ihnen mit dem Fuße. Darüber erwachte ich wieder. Der Fuß schmerzte mich fürchterlich, wahrscheinlich hatte ich ihn in Traume sehr bewegt. Meine Kameraden schliefen alle sehr fest und man hörte weiter nichts als ihr Schnarchen. Die Laternen brannten sehr helle.

Als ich wegen eines Bedürfnisses einmal aufstehen musste, kam der wachhabende Galeerenprofos langsam herangeschlichen; er blieb nicht weit von mir stehen und ich bemerkte, dass er seinen Blick auf etwas gerichtet hatte. Endlich wurde ich gewahr, dass auf der einen Seite, wo die Franzosen lagen, zwei Sklaven sich in einer sehr eigentümlichen Stellung befanden und so vertieft in ihrer Beschäftigung erschienen, dass sie den Profos nicht eher gewahr wurden, bis er ihnen mit dem Ochsenziemer einige recht wohl verdiente Hiebe versetzte, worauf der eine davon in ein Gemach sprang, welches hinten am Ende war. Ich konnte mir damals gar nicht enträtseln, was das eigentlich sein sollte, mag auch jetzt mich nicht weiter über eine mir damals neue Verworfenheit der Menschen ausdrücken, nur andeuten wollte ich es, um meinen Lesern die ganze Widrigkeit meiner Lage zu schildern. Ich legte mich wieder nieder, konnte aber nicht mehr einschlafen.

Endlich fing eine dumpfe Glocke an sich hören zu lassen und nun wurde alles schnell munter. Es kamen sechs Chaloupiers, wovon jeder einen Amboss auf der Schulter trug und so wurden die Sklaven losgeschlagen von den Pfählen. Sie gingen nun paarweise vom Schiff aus an die Arbeit und es blieb niemand weiter an Bord, als die wir angekommen waren und noch fünf meiner Kameraden, worunter vier Knaben waren, deren zwei die Söhne eines Mannes waren, der als Marketender beim Schillschen Korps gewesen war. Der eine davon war erst 11 Jahre alt. Die anderen beiden aber hatten das Schillsche Korps gar nicht gesehen, sondern waren, Gott weiß wie, aufgegriffen worden. Ich nahm nun erst alles recht in Augenschein.

Der Rechnungsführer brachte uns ein kleines Frühstück und tröstete mich mit den Worten: „Sie werden nicht lange hier bleiben, denn der Kaiser wird Sie wohl bei seiner Vermählung befreien."

Dieses gab mir etwas Mut. Ich befragte ihn nun nach allen Gegenständen, die sich auf der Galeerenstation befinden. - Die Schiffe, welche die Wohnungen in dem Bagno der Galeerensklaven bilden, sind Kriegsfahrzeuge, die zum Seedienste nicht mehr tauglich befunden werden. Über das Verdeck ist, wie schon bemerkt, ein Dach von Brettern gemacht, in der Mitte geht ein Brettergang herunter und auf beiden Seiten sind Bänke, welche tiefer als der Gang liegen. Auf diesen sitzen die Sklaven und unter den Bänken auf den bloßen Dielen haben sie ihr Nachtlager. In dem unteren Schiffsraum sind Pritschen auf den Seiten und auch in der Mitte, worauf sie schlafen. Auf einem solchen Schiffe befinden sich gewöhnlich 600 bis 800 Sklaven. Ihre Speise besteht täglich aus 2 Pfund schlechtem Brot und schwarzen Pferdebohnen in Öl. Allemal sechs Mann bekommen einen Eimer voll. Die rote dicke Brühe wird erst getrunken und ein Stück Brot dazu gegessen; dann werden die Bohnen geteilt und der Mann bekommt gewöhnlich fünf bis sechs Löffel voll. So wie selbige zubereitet sind, wird sie außerhalb der Galeeren wohl kein Mensch genießen können; aber den unglücklichen Sklaven schmeckten sie wie Zucker, wenn er sie nur satt hätte. Öfters gibt es auch von Würmern zerfressenen Schiffszwieback und verdorbenes Salzfleisch, welches für die Matrosen nicht mehr genießbar ist. Endlich erhalten sämtliche Sklaven, wenn sie von der Arbeit kommen, eine Marke, wofür sie ½ Nößel[21] schlechten Wein bekommen.

Die Vorgesetzten eines Galeerenschiffs sind: der *Commandant en chef*, der *Commissaire*, der *Commité*[22], der *Sous-Commité*[23] und zwei oder drei *Argousins*. Ferner sind ein Rechnungsführer und ein Schreiber vorhanden, diese aber sind vertraute Sklaven, denen es erlaubt ist, einen braunen langen Pantalon, eine kurze braune Jacke und eine gleichfarbige Mütze zu tragen, was sie sich aber für ihr eigenes Geld beschaffen müssen.

Man findet hier sehr wohlhabende und höheren Ständen angehörige Menschen, sowohl vom Militär als auch vom Zivil. Ein Friedensrichter aus Dijon kam im Jahre 1811 hier an und zwar verurteilt auf 10 Jahre wegen 400.000 Franken Kindergelder, welche er unterschlagen hatte. Man sagte sich damals so unter sich: „Wie lange der wohl hier an der Kette sitzen wird? - Er wird Kaufmann und verdient an den armen Sklaven vielleicht in zehn Jahren noch 200.000 Franken dazu."
Es befindet sich nämlich auf jedem Sklavenschiff ein Kaufmann, welcher mit allerlei Waren d.h. Fleischwerk, Käse, Zwirn usw. handelt, die er sich sehr teuer von den Sklaven bezahlen lässt. Auch verborgt derselbe sogar Geld an diejenigen Sklaven, welche Erwerb haben, z.B. Schuhmacher, Schneider,

---

21 Nößel - (altes Flüssigkeitsmaß) 1 Nößel entspricht ungefähr 0,41 Liter

22 Commité - Rudermeister oder Obervogt

23 Sous-Commité - Untervogt

Bäcker, Weber, Spinner und Stricker. Er nimmt dafür 50 Prozent, darf aber nicht mehr als 20 Sous bares Geld geben, wofür er aber 30 anschreibt! Dieser Kaufmann ist in der Regel ein wohlhabender Sklave, der seine Oberen zu gewinnen weiß. Die Gefangenen, welche hier arbeiten, verdienen öfters 6 Franken im Monat; wenn ja jemand über 9 Franken erwirbt, so kommt der Überschuss in die Sparkasse.

Kein Sklave darf hier ein spitzes Messer haben, es muss selbiges oben rund und höchstens zwei bis drei Zoll lang sein.

Ich kam nun wegen einer Krankheit ins Lazarett und musste mit der fürchterlich schweren Kette, welche am Fuße fest war, dorthin gehen. Als ich daselbst ankam, wurde die Kette am Bett festgemacht. Von meiner Krankheit wurde ich übrigens recht gut geheilt, sowie man in dem Galeerenlazarett überhaupt sehr gut behandelt wird. Auch sind Barmherzige Schwestern zur Pflege da und es wird von Seiten des Arztes alles Mögliche angewandt, die Kranken zu heilen. Indessen waren jeden Morgen bei der Visite eine unzählige Menge junger Doktoren zugegen und es wurden von ihnen hier alle möglichen Versuche gemacht, welche der Arzt wohl bei einem freien Menschen nicht anbringen dürfte.

Sobald ich nun von meiner Krankheit geheilt war, kam ich wieder auf die Galeere, wo ich mit einem meiner Kameraden zusammengeschmiedet wurde, ich am linken und jener am rechten Fuß; so mussten wir dann auf die Arbeit gehen.

Als ich das erste Mal aus dem Bagno herausging, stieß ich mit dem Fuß, an welchem die Kette war, an einen Stein und schrie vor Schmerz laut auf; aber für mein Schreien erhielt ich von dem Profos einen tüchtigen Hieb. Wir mussten große Bäume aus dem Wasser schaffen und uns dabei quälen wie das Vieh, wurden auch nicht besser, ja wohl schlechter behandelt.

Als wir eines Mittags nach den Galeeren zurückgingen, mussten wir, als wir in den Bagno kamen, stehen bleiben. Es versammelten sich alle Sklaven. Endlich kam der Galeerenkommissar (*Mr. le Commissaire*) und mehrere seiner Untergebenen. Ein Sklave, man nannte ihn dort den Henker, kam und brachte ein großes Kohlenbecken, worauf ein Feuer brannte. Es wurden nun zwei Sklaven vorgeführt, welche von der Galeere desertiert waren und dabei gestohlen hatten. Dieser erhielten von dem Henker fünfzig Bastonaten[24] mit einem Draht, welcher mit Pechdraht umwickelt und verbunden ist. Danach wurden sie gebrandmarkt. Es wurde ihnen vorgelesen, dass sie die 25 Jahre, wozu sie verurteilt waren, jetzt wieder von Neuem anfangen müssten, noch

---

[24] Bastonaten, Bastonade - (franz.) Prügelstrafe

24 weitere dazu erhalten hätten und noch ein ganzes Jahr in dem schwarzen Saal an der Kette liegen sollten.

Wie diese fürchterliche Exekution nun vorbei war, gingen wir nach unseren Schiffen, jeder gewiss mit seinen eigenen, ich mit den traurigsten Betrachtungen über Menschenschicksal und verdientes und unverdientes Leiden. Trost gab es mir jedoch, dass zwischen mir und diesen Auswürfen der Menschheit noch ein großer Abstand sei.

Den Nachmittag darauf musste ich mit zu der schwersten Arbeit gehen, nämlich das Wasser aus dem Bassin zu pumpen. Ich war mit meinen Kameraden sehr traurig, wir baten Gott, dass er uns bei dieser schweren Arbeit beistehen möchte. Wir hatten auch das Glück, dass wir an eine Ecke kamen, wo wir ganz frei standen und vor vielen einen Vorteil hatten.

Als ich nun zwei Monate lang bei der schweren Arbeit gewesen war, wurde ich so matt, dass ich kaum noch fort konnte. Ich glaubte nicht, dass ich wohl je meine Kräfte wieder erhalten würde und betete um nichts weiter, als dass mich der liebe Gott zu sich nehmen möchte. Aber der Allmächtige fügte es anders.

Als wir nämlich an dem einen Tage von der Arbeit zurückkamen, bemerkte mich der Rechnungsführer und sagte zu mir: „Bei der schweren Arbeit werden Sie es nicht lange machen; ich werde für Sie bitten, dass Sie mit nach der Manufaktur kommen und dort mit Stricken oder Spinnen beschäftigt werden. Wenn Sie es nicht können, so müssen Sie es lernen."

Dies geschah auch, schon am zweiten Tage ging ich mit nach der Manufaktur und brachte es in der Fertigkeit des Strickens von Sklavenmützen bald so weit, dass ich täglich zwei Mützen strickte. Für eine solche Mütze zu stricken bekam man 3 Sous. Nun hatte ich es wohl etwas besser als wie vorher, aber Kräfte konnte ich doch nicht wieder sammeln, denn das Ungeziefer, wovon man sich nicht zu reinigen vermochte, war zu viel, so dass es den ganzen Körper abzehrte. Die schlecht verdauliche Nahrung aber gestattete ebenso wenig dem Leibe, wie die traurige Lage dem Geiste, sich zu erholen.

Der Herzog von Ragusa[25] kam 1811 einmal nach Toulon; die jungen Knaben, welche bei uns waren, taten einen Fußfall vor ihm. Er bemitleidete uns alle sehr und versprach uns, sich beim Kaiser für uns zu verwenden, war - wie der Erfolg uns lehrte - auch nicht ohne Wirkung geblieben ist.

---

[25] Gemeint ist Auguste-Frédéric-Louis Viesse de Marmont (1744-1852), der aufgrund seiner Verdienste um die französischen Interessen in Dalmatien im Jahre 1809 von Kaiser Napoleon I. zum Herzog von Ragusa ernannt wurde.

In einer Nacht hatte ich einen sehr schönen Traum. Ich sah die Sonne aufsteigen, so prachtvoll als ich sie noch nie gesehen hatte, aber eine trübe Wolke zog neben ihr. Ich hatte darüber eine große Freude. Die Wolke zog sich über die Sonne und sie schien nur ganz matt durch. Ich erzählte meinem Kamerad diesen Traum und dieser meinte, der Traum könne wohl etwas zu bedeuten haben.

Den Nachmittag darauf kam ein Profos gelaufen und rief uns die Worte zu: „Ihr seid frei! Ihr seid frei!", und so kamen auch sogleich eine Menge Chaloupiers, welche uns die schweren Fesseln abnahmen, dies war Ausgangs November des Jahres 1811. Die Freudentränen, die hier flossen, sind nicht zu beschreiben. Wir konnten sogleich von dem Schiff heruntergehen, durften aber noch nicht aus dem Bagno. Jeder gute Christ von uns ging beiseite und dankte dem Herrn für diese unverhoffte Erlösung aus so großem Trübsal. Aber, so ist das menschliche Herz, kaum hat es etwas erreicht, dann will es Alles haben. So ging es auch uns. Jeder träumte sich schon in seiner Heimat; am anderen Tag aber wurde uns bekannt gemacht, dass wir von jetzt an zur französischen Armee gehörten und die 8.Kompanie freiwilliger ausländischer Pioniere[26] bilden sollten. Ach, nun fiel der Mut wieder sehr, denn das waren immer noch keine Aussichten, das liebe Vaterland einmal wieder zu sehen. Doch was half dies, wer dankbar war, musste sich sagen, dass es doch weit besser geworden ist, die höchste Schmach abgetan und ob auch von härtester Not gezwungen, doch der Kriegsdienst, selbst unter dem Tyrannen von Europa, immer ein Ehrenzustand ist und mit dem Jammer- und Schandeleben auf der Galeere nicht zu vergleichen sei.

---

[26] Gemeint ist hier das Regiment *pionniers volontaires étrangers*, dass am 01. September 1810 aus dem Regiment *de pionniers blancs* hervorging. Das bereits genannte kaiserliche Dekret befahl die Aufstellung von fünf Kompanien, denen am 16.Februar 1811 in Burgos eine sechste und am 12.September 1811 noch zwei weitere Kompanien folgten, die ausschließlich aus Leuten des Freikorps von Schill und den Soldaten des Herzog von Braunschweig-Oels errichtet wurden, welche während des Feldzuges 1809 in Deutschland in die Hände der Franzosen gefallen waren.

4.Kapitel
In französischen Diensten - Ich desertiere -
Erneut ein Gefangener - Mein Leben auf den Inseln

Am ersten Neujahrstag kam des Morgens früh 06.00 Uhr ein alter Capitain nebst zwei Lieutenants, holten uns von hier ab und führten uns durch die Stadt nach einem Kastell namens *Fort le Marque*. Hier wurden wir eingekleidet; auch wurde uns vorgelesen, dass ein jeder wieder in seine Charge eintreten sollte, die er im preußischen Dienst bekleidet hätte. Die gesamte Garnison trat unters Gewehr und wir mussten mit selbiger einen Kreis formieren. Der General Micas kam mit mehreren hohen Offizieren und machte den Soldaten bekannt, dass Seine Majestät der Kaiser uns, nachdem wir 22 Monate auf den Galeeren in Ketten gelegen hatten, für unschuldig erklärt habe und uns jetzt unter die Fahnen Frankreichs aufnehme.

„Ich erkläre Euch hiermit", fuhr er fort, „dass derjenige von Euch, der einen von diesen Leuten bei irgendeiner Gelegenheit, in Wirtshäusern oder sonst wo, fühlen lässt, dass sie Galeerensklaven gewesen sind oder sie verachtet, unfehlbar eine 3-tägige strenge Arreststrafe zu erwarten hat."

Nun wurden die Gewehre ausgeteilt. Ich erhielt statt einer Trompete eine Flinte, was mir gar nicht gleichgültig war. Ich ging deshalb an den General heran und sagte ihm, dass ich nie ein Gewehr gehabt hätte, sondern Trompeter gewesen sei und jetzt, da uns versprochen sei, dass jeder wieder in seine Charge treten sollte, ich darum bitten müsse, mich entweder bei der Kavallerie als Trompeter oder bei der Infanterie als Hautboist anzustellen.

Ich erhielt zur Antwort, dass die Kompanie keine Hautboisten halten könnte, er sich aber für denjenigen, welche Musikverständiger wären, dahin verwenden wolle, dass sie mit der Zeit anderweitig angestellt würden. Dabei jedoch blieb es! Ich musste mehrmals täglich mit mehreren meiner Kameraden zweimal exerzieren.

Nun war das 2.Regiment *Méditeranée*[27] in Toulon eingerückt. Ich lernte zwei Hautboisten davon kennen, namens Ullmann und Endrée, welche Deutsche waren. Diese sagten mir, ihr Oberst wäre verreist, wenn er wieder käme, würden sie mit ihm sprechen, dass er darum anhielte, uns zu seinem Regimente zu nehmen.

---

[27] Das 2.Regiment *Méditeranée* wurde am 10.März 1811 aufgestellt und am 20. September 1812 in Russland in das 133.Linien-Regiment umbenannt. Unter dem Datum des 12.Mai 1814 wurde es aufgelöst.

Eines Tages ging ich mit meinen Kameraden vom *Fort le Marque* nach Toulon, als wir hier eintrafen, kam ein Hautboist vom 2.Regi-ment *Méditer-anée*, rief mich mit meinen Kameraden zu sich und sagte, dass sie morgen sehr früh von Toulon abmarschierten. Es täte ihnen wohl recht Leid, dass ihr Oberst nicht gegenwärtig wäre, denn der, meinte er, würde es gewiss dahin gebracht haben, dass wir zu seinem Regiment als Hautboisten gekommen wären.

„Aber ich will", sagte er, „damit Sie aus dieser fatalen Lage herauskommen, Ihnen einen guten Rat geben. Ich dächte Sie desertieren beide. Ich sorge dafür, dass sie morgen früh gleich eingekleidet werden, damit Sie schon mit uns marschieren können."

Wir schwiegen lange stille und bedachten erst, was es für Folgen haben möchte, wenn man uns dabei ertappte. Mein Kamerad wollte erst nicht, aber ich redete ihm zu und sagte: „Was kann uns denn geschehen, wenn die Sache verraten wird? Gar nichts! Wir sind nicht desertiert, sondern haben nur das gesucht, was uns versprochen worden ist. Es ist vorgelesen worden, dass jeder in seine Charge, in welcher er früher gestanden hätte, wieder eintreten sollte und das ist bei uns nicht geschehen, also haben wir hierzu volles Recht. Es bleibt sich ganz gleich, ob wir dem Kaiser hier oder dort dienen und wir kommen auf eine gute Art wieder nach Deutschland. Also rasch entschlossen, wer nichts wagt, kann nichts gewinnen."

Mein Kamerad willigte nun ein und der Hautboist brachte uns zum Musikmeister. Hier wurde die Sache festgemacht, wir probierten auch sogleich Uniformen an, welche recht gut passten. Nun gingen wir wieder nach dem *Fort de Marque* zurück und überlegten unser Vorhaben nochmals mit zweien unserer besten Freunde, welche uns von Herzen Glück wünschten.

Als den Morgen früh der Kanonenschuss im Hafen den Tag ankündigte, gingen wir ab nach Toulon, zogen die Uniformen an, ich nahm eine Trompete, mein Kamerad aber eine Klarinette und so marschierten wir schon um 05.00 Uhr als Hautboisten des 2.Regiment *Méditeranée* aus Toulon.

Den ersten und zweiten Tag war ich doch etwas ängstlich, besonders wenn ich einen Gendarmen sah, den dritten Tag kamen wir nach Marseille und hatten daselbst Ruhetag. Hier erfuhr ich erst, dass er nach Toulouse ging. Es war hier ein herrliches Leben und ich kann wohl sagen, dass es mir recht gefiel. Auch ging unser beider Bestreben vorzugsweise dahin, uns erst die Liebe und Achtung unserer Vorgesetzten zu erwerben.

Unser Marsch ging nun auf Aix, von da nach Laimbais, Avignon und Tarascon. Hier hatten wir wieder Ruhetag. Von hier ging es über die Rhone nach Niemes und Montpellier, Narbonne, Castres, Ville de france und von da nach Toulouse. Hier trafen wir den Colonel, namens la Motte, welcher uns sehr gut empfing, so wie wir überhaupt von allen mit Achtung behandelt wurden.

Als wir drei Monate hier waren, wurde von dem Kriegsminister beim Regiment die Anfrage gemacht, ob zwei Deserteure bei dem Regimente wären und zugleich befohlen, dass, wenn dies der Fall sein sollte, dieselben sofort den Gendarmen übergeben und nach Toulon gebracht werden sollten, um nach den Gesetzen drei bis sechs Jahre auf die *travaux publices*[28] oder gar zu den *boulets*[29] verurteilt zu werden.

Der Colonel sah recht gut ein, dass wir von seinen Leuten zur Desertion verleitet worden waren. Er übergab uns deshalb nicht den Gendarmen, sondern schrieb erst noch einmal an den Minister und bat ihn, uns bei seinem Regimente zu lassen, empfahl uns auch sehr gut, ließ uns aber zu seiner Sicherheit ins Militärgefängnis bringen, wo wir auf den anderen Tag bleiben mussten.

Den Tag darauf kam Ullmann und brachte die Nachricht, dass das Regiment Ordre bekommen habe, morgen über Mainz nach Deutschland zu marschieren. Man kann sich nun wohl leicht denken, wie uns beide dabei zumute war; dem Ziel so nahe, das geliebte Vaterland sobald sehen zu können und nun wieder in ein so schreckliches Verhältnis zurückgeworfen.

Es besuchten uns den Tag mehrere Offiziere und nahmen Abschied, sie flößten uns Mut ein und sagten: „Sie hätten heute bei der Parole von dem Regimentskommandeur gehört, dass er gesagt hätte, sein Schreiben an den Minister werde wohl dahin gewirkt haben, dass wir folgen dürften.”

Einige Zeit darauf kam der Musikmeister von dem Regimente und Ullmann und brachten jedem von uns 80 Franken. Der Regimentskommandeur ließ uns dabei sagen, dass wir höchstens in 14 Tagen die Nachricht haben würden, dem Regimente anzugehören und nachzufolgen und wir möchten deshalb soviel wie möglich danach hinsehen, dass wir das Regiment in der Gegend bei Magdeburg einholten. Das richtete mich sehr auf, ja ich sah schon im Geiste die Türme vom Magdeburg und rief die Worte aus: „Herr, Dein Wille geschehe!”

Ich war jedoch vorsichtig und sagte zu Ullmann: „Wenn Du eher nach Burg kommst, dann besuche meine Frau, denn selbige wohnt da und bringe ihr meinen herzlichen Gruß.”

Damit nahmen wir mit weinenden Augen voneinander Abschied. Es war mir dabei zumute, als wenn es ein ewiges Lebewohl sein sollte.

[28] travaux publices - (franz.) Strafsektion
[29] boulets - (franz.) Kugelschleppen

Wir blieben nun noch drei Wochen da und hofften täglich auf Antwort, aber immer vergebens. Einige spanische Offiziere, welche hier in Gefangenschaft waren, flößten uns Mut ein und sagten: „Ihr seid Preußen und habt einen gerechten König, habt nur Geduld und seid standhaft, Euer Schicksal zu tragen."

Ich gab zur Antwort: „Ja, da haben Sie auch Recht. Ich bin jetzt noch stolz darauf, dass ich in Toulon 26 Pfund Eisen am Fuße unschuldig getragen habe; denn ich trug sie ja für mein Vaterland und für einen gerechten König."

So vergingen Tage, Wochen und Monate. Unter der Zeit war das Regiment durch Magdeburg in Burg ins Nachtquartier gekommen und Ullmann hatte seines Freundes nicht vergessen, sondern ganz richtig meine Frau aufgesucht und gefunden und ihr den Gruß gebracht, auch ihr mein ganzes trauriges Schicksal mündlich erzählt. Es war nach vier Jahren das erste Mal, dass sie von mir etwas zu hören bekam.

„Ich habe keine Worte", schrieb er mir, „welche Empfindungen, welcher Jammer."

Es waren bereits vier Monate vergangen und endlich kam die Order vom Minister, sie lautete also: „Herr Obrist, ich bedauere recht herzlich, dass ich Ihre Bitte nicht in Erfüllung bringen und die beiden Leute in Ihrem Regimente lassen kann, indem die Bande von Schill zusammen bleiben muss. Da sich selbige bei Ihrem Regiment so brav aufgeführt haben, so sind sie von der Strafe soweit frei, gehen also nach Toulon zurück zu ihrer Kompanie und müssen sich selbige bei dortigen *Conseil de guerre*[30] zu rechtfertigen suchen, damit sie ihre wirkliche Freiheit erlangen."

Wir gingen den anderen Tag von hier ab und erhielten von der protestantischen Gemeinde, an die wir uns schon früher einmal gewandt hatten, ein kleines Reisegeld. Die Gendarmen, welche uns begleiteten, behandelten uns immer, wenn sie den Befehl und die Papiere übernommen hatten, mit wahrer Hochachtung.

Wir machten den nämlichen Weg wieder zurück, den wir hinwärts gemacht hatten. Es waren unterwegs eine ziemliche Menge französischer Deserteurs zu uns gebracht worden.

Als wir vor Marseille waren, wurde ebenfalls, sowie vor Jahren, Halt gemacht und es kamen wieder solche Frauen, welche für die Gefangenen Geld einsammelten, dass durch einen Gendarmen unter uns verteilt wurde.

---

[30] Conseil de guerre - (franz.) Kriegsgericht

Als wir in das dortige Gefangenenhaus kamen, trafen wir einige französische Verbrecher, welche nach Toulon auf die Galeeren verurteilt waren und schon eine lange Zeit da gesessen hatten. Diese bewillkommneten uns sehr freundlich, machten uns aber sogleich bekannt, dass es unter den Gefangenen so Sitte wäre, dass jeder neue Gefangene sich allemal bei den älteren Gefangenen einkaufen müsste.

Ich erstaunte darüber und fragte, was das heißen sollte? Der eine gab mir aber zur Antwort: „Pfui, schämen Sie sich, da Sie schon einen solchen Marsch gemacht haben und kennen die Gesetze nicht einmal, wenn Sie nicht mit Güte etwas geben wollen, so werden wir Ihnen sogleich etwas anderes zeigen."

Ich bemerkte wohl, dass ich es mit rechten echten Vagabunden zu tun hatte, nahm meinen Kameraden zur Seite und suchte mich Rückenfrei zu machen, erhob hierauf einen Lärm und schlug mit den Füßen an die Tür, so dass der *Concierge* kam und mich verdrießlich fragte, was ich wollte. Als ich ihm die Sache vorstellte, schlug er ganz spöttisch die Tür zu und sagte: *„Laissez moi tranquille!"*[31]

Jetzt glaubten diese Vagabunden Recht zu haben und drangen auf mich ein. Ich retirierte[32] mich aber bis an das Fenster und machte die Vorübergehenden auf mich aufmerksam. Es kam sogleich ein Gendarm, welcher wahrscheinlich da in der Nähe wohnte und gab dem *Concierge* einen tüchtigen Verweis. Jetzt bemerkte ich wohl, warum der *Concierge* zu mir sagte: *„Laissez moi tranquille!"*, indem die Bestien, welche da saßen, uns beide in Ruhe ließen und hernach die übrigen französischen Deserteure, welche mit uns kamen, ausplünderten, dann aber das Geld bei dem Concierge verzehrten.

Wir gingen am zweiten Tage weiter und kamen so am dritten in Toulon an. Da erfuhren wir dann, dass unsere Kameraden nach den Hyerischen Inseln[33] eingeschifft worden waren. Den Morgen darauf gingen wir auch dahin ab. Wir kamen des Nachmittags um 04.00 Uhr auf der Insel Porquerolles an und wurden von dem dortigen Kommandanten sehr gut empfangen.

Den Tag darauf wurden wir verhört und am dritten Tage wurde das Standrecht über uns gehalten. Man wollte uns durchaus auf drei Jahre zum Kugelschleppen verurteilen, jedoch bewiesen wir unseren Richtern, dass sie mit uns nicht so verfahren könnten, als wie mit jedem Franzosen, indem wir dem Kaiser noch keinen Eid der Treue geleistet hätten, also, da wir übrigens von der Armee nicht eigentlich desertiert wären, so könnte man uns dieses

---

[31] „Laissez moi tranquille!" - (franz.) „Lasst mich zufrieden!"

[32] retirieren - (veraltet) zurückziehen

[33] Inselgruppe, bestehend aus der Ile de Porquerolles, der Ile de Port Cros und der Ile du Levant, an der Côte d'Azur südlich von Saint-Tropez.

Verbrechens durchaus nicht schuldig achten. Mit dieser Ansicht drangen wir durch, wurden der Desertion nicht schuldig erklärt und kamen in Freiheit, mussten aber an den dortigen Festungswerken arbeiten.

Die Insel Porquerolles ist klein und wird nur von zwei Bauern bewohnt, jetzt aber hatten sich mehrere Leute bretterne Hütten dort aufgebaut, um da, weil viel Militär dort war, Handel zu treiben mit Wein und anderen Sachen. In früheren Zeiten ist ein Kloster da gewesen, von dem jetzt noch bedeutende Ruinen zu sehen sind. Die Insel ist nicht sehr fruchtbar, besonders holzarm, denn es wachsen nur einige Tannenbäume darauf. Dagegen wächst dort viel kleines Buschwerk, welches aus Myrten und Rosmarin besteht. Wir mussten dort weil keine Häuser und Kasernen da sind, in Barracken wohnen, welche wir uns selbst bauten und bei der genannten Arbeit, gleichsam wie in einer Wüstenei, unsere Tage einförmig und traurig zubringen, während die Welt sich anfing zu bewegen und sich eine große Umwälzung im Norden vorbereitete, die ganz Europa erschütterte. Was wir davon hörten, war wenig und nichts Gutes für unser Vaterland. Immer siegreich sollte Napoleon sein, stets geschlagen der Kaiser von Russland, unser König ein Verbündeter der Franzosen. Im Stillen dachten wir wohl unser Teil, besonders wenn die Franzosen verdrießlich aussahen; doch durften wir nichts laut werden lassen.

Im Laufe des Jahres 1813 kam ich nach der Insel Porteros[34], welche von Porquerolles eine Meile weit entfernt ist, übrigens dieser Insel ziemlich gleicht, nur mehr Berge hat, deren höchster Gipfel 196 Meter hoch ist. Von da wurde ich kommandiert nach der Insel Tutan[35] und musste da mit den Ingenieuren arbeiten, welche dazumal die Insel ausmaßen. Bei dieser Gelegenheit fand ich im tiefsten Gebüsche eine Hütte, die früher ein alter Einsiedler bewohnt hatte. An der Seite nach der piemontesischen Grenze zu, stand eine große Ruine, an der man noch Spuren sah, dass der Eingang sehr künstlich gewesen sein müsse. Man sagte mir, sie wäre zur Zeit der Sarazenen zerstört worden.

Die Insel du Levant hat nur eine einzige Batterie von sechs Kanonen; es wohnt nur ein einziger Bauer darauf, welcher seinen Ackerbau mit zwei Eseln betreibt, als übrigen Viehbestand nur einige Ziegen hält. Auf dieser Insel konnte man von dem, was zum Lebensunterhalt gehörte nur sehr wenig be-

---

[34] Insel Porteros - der Autor meint wohl die mittlere der Hyerischen Inseln, die Ile de Port Cros

[35] Insel Tutan - der Verfasser meint wohl die dritte und östlichste der Hyerischen Inseln, die Ile du Levant

kommen. Brot und alle übrigen Lebensmittel mussten wir uns von der Insel Porteros holen. Es war jedes Mal der Sonntag dazu bestimmt.

An einem Sonntage, wo ein schrecklicher Sturm war, musste ich mit noch einigen Sappeuren nach Porteros fahren, um die Lebensmittel herüber zu schaffen. Obgleich man bis dorthin bei stillem Wetter nur eine Stunde brauchte, so brachten wir bei dem Sturme dieses Mal sechs Stunden zu. Unser Schiffspatron regierte den Kahn mit zwei Knaben ganz allein. Bei der Zurückreise, wo wir den Wind hinter uns hatten, wäre es möglich gewesen, dass wir diese Fahrt vielleicht in einer halben Stunde machen konnten; aber unser Patron war betrunken und als wir aus dem Hafen von Porteros heraus waren, ging der Kahn wie ein Vogel in die Luft. Der Patron wollte in seiner Betrunkenheit mit dem Kahne anfangen zu kreuzen und zog das große Segel zum Schwenken an, wodurch wir aber in die größte Lebensgefahr kamen. Die Sappeure jedoch waren glücklicherweise in der Schifffahrt früher unterrichtet worden; wir brachten also den Kahn durch unser angestrengtes Rudern wieder in seinen vorigen Lauf, aber durch die Unordnung des Patrons hatten wir denselben so voll Wasser, dass wir beinahe bis an den Knien darin saßen. Indes kamen wir dieses Mal ganz glücklich zurück. Die Arbeit auf der genannten Insel wurde nun in acht Wochen beendigt und wir kamen dann wieder nach Porteros zur Kompanie zurück.

Eines Tages - ich weiß es nicht, ob es am der 25. oder 26.Oktober 1813 war - ging ich im Freien spazieren. Es war des Nachmittags 04.00 Uhr, als ich auf einmal ein großes Kanonenfeuer hörte. Ein Sergeant kam aus der Marketenderei, welche in der Gegend bei dem Kommandantenhause stand, horchte und schrie plötzlich hoch auf, warf seine Mütze in die Höhe und rief immer wieder: „*Vive l'Empereur!*"[36]

Dieser Mensch war ein Korse und hatte beinahe ein solches Ansehen, als wie sein Landsmann, dessen ich schon erwähnt habe, auf den Galeeren. Ich fragte ihn, ob er unklug sei; er rief aber nochmals: „*Vive l'Empereur!*", und sagte: „Hören Sie denn das Schießen nicht. Soeben hat der Kommandant die Nachricht erhalten, dass die Franzosen die Russen und Preußen bei Leipzig total geschlagen haben und dass es wahr ist, bedeutet das jetzige Viktoriaschießen in Toulon."

Ich ging auf die Seite und begab mich ins Gebüsch, bat Gott mir Kraft und Stärke zu verleihen, bat um Hilfe für meine Landsleute und fing den 6. Psalm zu beten an: „Herr straf mich nicht in Deinem Zorn.."

---

[36] „Vive l'Empereur!" - (franz.) „Es lebe der Kaiser!"

Wohl kann ich sagen, dass ich Gott noch nie so inbrünstig angerufen hatte, wie heute. Bei meinem Gebete waren die letzten Worte:

> Stelle Dich, Herr, so wie Du willst,
> ich fahre fort mit Schreien in meiner Angst,
> Du wirst mit Hilfe mich erfreuen;
> Du hast mirs zugesagt, so muss es auch geschehen.
> Ich will noch meine Lust an Deiner Hilfe sehen.

Ich ging nun wieder zurück und hörte das Jubeln der Franzosen an. Man rief mir zu und überreichte mir ein Glas und es wurde eine Lebehoch dem Kaiser der Franzosen ausgebracht. Mir war dieser Trunk wie Gift; indessen was half mein Widerwille, ich musste mit den Wölfen heulen. Im Herzen aber trank ich wie jeder gute Preuße etwas ganz anderes als auf unseres Peinigers Gesundheit.

Den zweiten Tag ging das Jubeln noch fort; aber nachdem die Pariser Zeitungen angekommen waren, herrschte plötzlich unter den Siegestrunkenen ein tiefes Stillschweigen. Wir waren natürlich neugierig und fragten mit verstelltem Anteil, ob es denn weiter noch nichts Neues gäbe und ob die Franzosen noch nicht bald wieder in Berlin wären? Da gab es freilich bald gar keine, bald sehr giftige Antworten; doch merkten wir wohl, was die Glocke geschlagen hatte und waren in unseren Herzen fröhlich, wiederholten auch, in der Hoffnung, endlich einmal etwas Gewisses zu erfahren, diese Frage alle Tage.

Darauf kam aber der Befehl von dem Platzkommandanten, dass derjenige, welcher über Kriegsangelegenheiten spräche, vier Wochen strengen Arrest bekommen sollte. Daraus war nun leicht zu schließen, dass die Sache nicht so stände, als der anfängliche Jubel es verkündet hatte. Öffentlich war nun alles still, doch ganz im Geheimen bekam man manches Mal einen kleinen Wink.

5.Kapitel
Das Blatt wendet sich - Endlich frei -
Erneut in französischen Diensten - In die Heimat -
In der preußischen Armee - Mein weiterer Lebensweg

Endlich am 26.Februar 1814, des Morgens früh, als wir aufstehen wollten, war unser ganzes Lager, das wir bewohnten, von französischem Militär besetzt. Der Adjutant vom Platze kam und befahl, wir müssten sogleich unsere Gewehre abliefern, was wir auch recht gern taten. Es wäre übrigens gar nicht notwendig gewesen, so große Anstalten zu treffen, denn wir waren im Geringsten nicht darüber böse, dass man uns entwaffnete, da wir für die gute Sache nicht fechten durften und für die schlechte nicht fechten wollten.

Hierauf kam der Befehl, das wir wieder nach Porquerolles gehen sollten, bei welcher Überfahrt wir beinahe ums Leben gekommen wären. Denn als wir halb ans Land heran waren, kam auf einmal ein starker Wind und riss das Segel von oben bis unten auseinander. Der Patron schrie laut: *„Mon Dieu, nous sommes perdu!"* [37]

Alle wie wir auf dem Kahne waren, mussten uns auf eine Seite setzen, damit er nicht so viel Wasser schöpfte und mit uns unterginge. Wir konnten übrigens nicht von der Stelle; ein Fahrzeug kam aber bald aus dem Hafen zu unserer Hilfe. Wir landeten also glücklich und setzten unsere traurige Lebensweise fort, in steter Erwartung der Dinge, die da kommen sollten.

Als wir nun eine kurze Zeit da waren, erscholl auf einmal das große und erfreuliche Wort: „Die Verbündeten sind in Paris eingezogen! Es ist Friede; Napoleon ist entthront!"

Nichts herrlicheres und schöneres gab es für uns, als dieses zu hören. Mit welcher Ungeduld wir unserer Erlösung harrten, darf ich meinen Lesern wohl nicht erst schildern, aber noch eine kurze Zeit mussten wir warten; doch ergötzten wir uns an den teils verdutzten, teils komischen Gesichtern der Franzosen.

Ungefähr vier Wochen nach der ersten Nachricht kam der Befehl, dass nach Toulon fahren sollten, was wir fröhlicher taten als vorher. Wir blieben daselbst ungefähr zwölf Tage, dann erst erhielten wir unsere Freiheit ganz wieder. In diesem Augenblicke noch, ja solange ich lebe, wird mir das Gefühl gegenwärtig sein, das mich damals ergriff. So Vieles und Hartes war erdul-

---

[37] *Mon Dieu, nous sommes perdu!* - (franz.) „Mein Gott, wir sind verloren!"

det, der Kelch geleert, die Freiheit, das Vaterland wieder gewonnen; die Sache hatte gesiegt, für die wir so viel erlitten hatten.

Den Tag vorher, als wir weggehen wollten, rückte das 133.Linien-Regiment ein. Und was sahen meine Augen? Es war das 2.Regiment *Méditeranée*, das inzwischen eine andere Nummer erhalten hatte. Die Freude war groß. Mehrere Bekannte erzählten mir gleich, dass sie durch Burg gegangen wären, meine Frau aufgesucht hätten und diese recht gesund gewesen sei. Ich freute mich recht herzlich darüber und fragte: „Wo ist denn Freund Ullmann?"

Da sagten sie mir aber, dass er nicht mit aus Russland gekommen wäre, denn er hätte nicht mit ihnen fortgekonnt. Das war ein Wermutstropfen in meinem Freudenbecher!

Als wir nun von Toulon abgingen, war es mir unangenehm mit der schlechten Kleidung nach Deutschland zu kommen. Wir kamen nach sechs Tagen nach Montelimart, wo nun das 35.leichte Linien-Regiment stand. Wir hatten hier Ruhetag und man redete mir zu, auf drei Monate Dienst zu nehmen, indem das Regiment einen Trompeter nötig hätte und in wenigen Wochen Inspektion haben sollte, wobei sich der Oberst ein gutes Musikkorps zu haben wünschte.

Ich war nie ein Franzosenfreund gewesen und sollte ihnen jetzt freiwillig dienen; das war eine bedenkliche Sache, aber Not bricht Eisen und dass meine Gründe für den Dienst gut waren, wird man bald sehen. Als ich mich nämlich weigerte, akkordierte[38] man mit mir, dass ich nur so lange bleiben sollte, bis die Inspektion vorbei wäre, dafür aber sehr gut bezahlt werden sollte. Ich überlegte mir die Sache und entschloss mich, dieses Anerbieten anzunehmen und zwar aus einem doppelten Grunde; erstens, um mich für das Geld gut zu kleiden, zweitens, die französische Militärmusik recht genau kennen zu lernen, damit, wenn ich diese Kenntnis vielleicht in Deutschland notwendig hätte, sie mir zu Gebote stände.

Ich blieb nun bei dem Regimente und hatte es recht gut, marschierte von da fort und hatte Ruhetag in Valence, wo ich nicht versäumte, nach dem Kloster zu gehen, um die guten liebreichen, barmherzigen Schwestern zu besuchen. Ich kann wohl sagen, dass ich noch nie und nirgends eine schönere Aufnahme gefunden habe als damals. Was die Schwestern für eine Freude darüber hatten, dass ich jetzt besser mit ihnen sprechen könnte, war einfach unbeschreiblich. Ich erzählte ihnen nun mein ganzes Schicksal, wie es mir gegangen wäre. Sie machten mir aber - obgleich in aller Freundschaft - die bittersten Vorwürfe über mein Verlassen des Klosters und fragten, warum ich

---

[38] akkordieren - (veraltet) vereinbaren

denn dazumal fortgegangen wäre? Ich erzählte ihnen nun, dass ich den Ausschlag gehabt hätte und dass ich es nicht habe sagen wollen.

„Aber", meinten sie, „wenn Sie es uns gesagt hätten, wir hätten Sie schon heilen wollen."

Schwester Anna war immer noch so schön, als vor vier Jahren. Sie holte ein großes Buch, in welches ich meinen Namen, Geburtsort und Vaterland einschreiben musste. Auch nötigte sie mich, hier zu bleiben und zu frühstücken, worauf ich noch mit zum Mittagessen eingeladen wurde. Als ich nun Abschied nahm, fragten sie mich, ob mir etwas fehle, Geld oder Wäsche? Ich dankte aber und sagte ihnen ein ewiges Lebewohl, unter nochmaligem Bezeigen meiner aufrichtigsten Dankbarkeit für alle mir erwiesenen Wohltaten. Mit Tränen in den Augen wünschten sie mir eine glückliche Reise.

Wir marschierten von da nach Grenoble und weiter nach Briancon. Ich sparte mir hier beinahe mein ganzes Traktament, denn es war sehr wohlfeil. Nach abgehaltener Inspektion erhielt in den 20.August 1814 meine Entlassung, zugleich auch noch freies Fuhrwerk bis nach Straßburg und auf die Stunde drei Sous Reisegeld.

In Straßburg aber durfte ich mich keine Stunde aufhalten, ungeachtet ich den Kommandanten darum bat, sondern wurde mit einer Ordonnanz bis ans Tor gebracht, von wo aus eine andere Ordonnanz mit bis an die Rheinbrücke ging.

Ich nahm nun meinen Marsch nach Heidelberg, ferner nach Frankfurt und über Hanau nach Fulda. Als ich daselbst bei dem preußischen Kommandanten meine Marschroute visitieren lassen wollte, befragte mich derselbe nach meinen Kenntnissen in der Musik. Auf meine richtigen Antworten, die ich wohlbedächtig, wie es einem Untergebenen dem hohen Vorgesetzten gegenüber, mit Bescheidenheit gab, sagte der Kommandant zu mir: „Hören Sie, ich weiß ein gutes Engagement für Sie; bei dem Regiment[39], in welchem ich das II.Bataillon kommandiere[40], soll ein Musikkorps eingerichtet werden. Da wird ein Mann gesucht, welcher eine Sache der Art wohl zu leiten versteht. Haben Sie dazu Lust und fühlen Sie sich tüchtig, dieses Unternehmen zu leiten und ins Werk zu setzen, so können Sie morgen schon im Regimente nach Luxemburg abgehen."

Wie sehr eine Anstellung der Art auch meinen Wünschen entsprach, so sagte ich doch, um mir alle Reue durch Übereilung zu ersparen, dass ich mir die Sache erst überlegen wollte. Ich dachte nun hin und her; teils schien es mir, als wäre es unrecht, da ich nun schon so nahe war, nicht erst meine Frau

---

39 Beschrieben wird hier das 4.brandenburgische Infanterie-Regiment Nr.24, das am 01.Juli 1813 aus dem 12.Reserve-Regiment hervorgegangen ist.
40 Der Autor beschreibt hier den Major von Löwenclau

und Kinder zu sehen. - Aber leben sie denn noch, warf ich mir ein und findest du denn da auch gleich Brot? - Besser und sicherer ist es wohl; wenn du erst Brot suchst, damit du deine Familie ernähren kannst und hier wird dir ja ein gutes und ehrenvolles Brot geboten. Ich schlug mein Gesangbuch, meinen Ratgeber in Zweifelsfällen auf und hatte sogleich den Gesang: „Was mein Gott will, geschehe alle Zeit..“

Mein Entschluss war somit gefasst; ich schrieb sogleich einen Brief an meine Frau, worin ich ihr mein Vorhaben bekannt machte, ging sodann zum Kommandanten und meldete mich, dass ich bereit sei, den mir so gnädig angebotenen Posten anzunehmen.

Ich reiste auch den Morgen darauf mit einem Empfehlungsschreiben von dem Kommandanten, datiert den 02.Oktober 1814, von Fulda ab, traf den 09. in Luxemburg ein, meldete mich dort bei dem Regimentskommandeur[41] und übergab ihm diese Empfehlungsschrift.

Er maß mich vom Kopf bis zu den Füßen mit einem festen Blick und sagte zu mir: „Wenn Sie das sind, wofür ich Sie auf die mitgebrachte Empfehlung und Ihr gutes Äußere halte, so sollen Sie es bei meinem Regimente recht gut haben.“

Ich gab zur Antwort, dass ich meine Pflichten pünktlichst erfüllen und die Zufriedenheit meiner Oberen zu erwerben mir angelegen sein lassen würde. Ferner gab ich dem Herrn Regimentskommandeur auch die Versicherung, dass, wenn das Regiment einmal vor Seiner Majestät vorbeimarschieren werde, Allerhöchstderselbe wohl sagen sollte, dass das Regiment eins der besten Musikkorps in der Armee habe.

Darauf gab der Regimentskommandeur zur Antwort: „Und ich werde dann für Sie sorgen, wie ein Vater für sein Kind.“

Ich engagierte mich nun freiwillig und ohne Kontrakt, mit dem Versprechen von Seiten des Regiments, dass, wenn ich Invalid werde und meine Pflichten nicht mehr hinreichend erfüllen könnte, für mein weiteres Fortkommen recht gut gesorgt werden sollte.

---

[41] Gemeint ist hier der Major von Laurens, der am 26.August 1813 noch auf dem Schlachtfeld an der Katzbach das Kommando über das Regiment übernahm. In der Schlacht bei Möckern wurde er am 16.Oktober 1813 so schwer verwundet, dass er den Befehl über das Regiment erst wieder 1814 in Frankreich übernehmen konnte; für seine Verdienste er in der Schlacht wurde er mit dem Eisernen Kreuz 1.Klasse dekoriert. Das Regiment hatte sich durch seine Tapferkeit in dieser Schlacht so außerordentlich hervorgetan, dass es die Aufmerksamkeit des zufällig anwesenden britischen Gesandten General Stewart auf sich zog und dieser in seinem Bericht an die englische Regierung später es ausdrücklich als eines der Tapfersten anführte.

Die Luxemburger sagten mir zwar, dass ich bei diesem Engagement mich nicht gut vorgesehen hätte. Ich aber gab zur Antwort: „Ich verlasse mich auf Gott und auf meinen gerechten König, der nicht allein weiß, was treuer Dienst ist, sondern selbigen auch in Ehren hält und belohnt."

Man stellte mir den zweiten Tag die Leute vor, welche aus dem Regiment gezogen worden waren und zur Musik übergehen wollten. Es waren viele darunter, die sich ihrer Musikkenntnisse rühmten; aber leider, als ich sie zu prüfen anfing, erschrak ich; denn der größte Teil wusste nichts von Noten. Einer war Pfeifer gewesen, der andere Hornist, der dritte konnte notdürftig ein wenig Violine spielen usw.

Hier war nun guter Rat teuer; doch es half nichts, die Sache war einmal angefangen, sie musste gehen. Ich fing nun mit diesen Leuten von ganz vorne an, sparte keine Mühe, arbeitete von des Morgens früh 06.00 Uhr bis des Abends um 10.00 Uhr und das monatelang ohne Aufhören.

Gott segnete auch sichtbar meine Anstrengungen, denn schon nach drei Monaten trat ich mit dem Musikkorps auf. Alle Kenner erstaunten und wussten nicht, wie das möglich war. Dieses Lob spornte meinen Fleiß noch mehr an und bald hatte ich mir die Liebe und Achtung meiner Oberen im höchsten Grade erworben.

Nach sechs Monaten vermutete kein Mensch mehr, dass das Korps aus lauter Stümpern gebildet worden sei. So erschien der Feldzug 1815.

Wir marschierten aus Luxemburg, hatten in Namur einen Vorbeimarsch vor dem Fürsten Blücher, welcher seine Zufriedenheit über das Musikkorps im höchsten Grade zeigte. Als nach einem heißen Tage, an dem ich, wie es einem alten Soldaten würdig war, mein Musikkorps streng zusammen hielt, endlich die entscheidende Schlacht von Belle-Alliance gewonnen und des gewaltigen Feindes Macht zertrümmert war, war ich mit meinem Korps der Erste, der das Lied: „Nun danket alle Gott.." und „Heil dir im Siegeskranz..." anstimmte.

Was mir aber an diesem frohen und herrlichen Siegestage am meisten schmerzte, war, dass mein Gesangbuch, welches ich mit mehreren Sachen in einem kleinen Kasten von Antrelée aus, auf den Kompaniewagen gegeben hatte, verloren gegangen und mir damit ein teures Andenken an meine Leidensjahre verschwunden war.

Am 24.August 1815 erhielt das Regiment in Paris seine Fahnen. Wir hatten Parade vor Seiner Majestät dem König, den Kaisern von Österreich und

Russland und mehreren anderen hohen Fürsten. An diesem Ehrentage löste ich gottlob mein Versprechen ein, dass ich dem Regimentskommandeur bei meinem Eintritt ins Regiment gegeben hatte. Mehrere Regimenter marschierten erst vor uns.

Mein gerechter König sagte: „Dieses Regiment hat eine schöne Musik."

Es folgte hinter uns ein Landwehr-Regiment, dessen Musikkorps ganz stille vorbeimarschieren musste. Wir aber blieben stehen und mussten selbiges auch noch vorbeiblasen. Dann folgten zwei Jäger-Bataillone, welche ebenfalls nach unserer Musik vorbeimarschierten.

Es war an diesem Tage sehr heiß. Ich hatte mich bei diesem langen Vorbeimarsch sehr angestrengt; aber ich glaube, dass ich vor großer Freude wohl noch ein ganzes Armee-Korps vorbeigeblasen hätte.

Als ich des Abends nach Versailles ins Quartier kam, schloss ich mich stille in mein Zimmer ein, wo zufällig ein Fortepiano stand, spielte und sang mir das Lied „Lobet den Herrn, den mächtigen König...", denn nun war, nach meinem Dafürhalten, alles überwunden und mein kleines Glück in die Obhut Gottes und meines allergnädigsten Königs gestellt. Dieser Glaube hat mich auch seitdem nicht wieder verlassen und ich werde ihn festhalten bis ans Ende.

Wir marschierten von hier nach der Picardie zurück und kamen nach Bussi le Château ins Quartier, wo ich von meinem Wirt und meiner Wirtin mit einer besonderen Auszeichnung empfangen und auch so behandelt wurde; was ich hier um so lieber rühme, als dies in Frankreich doch eine Seltenheit war.

Von da marschierten wir nach Cambrai, wo wir eine kurze Zeit standen und nach diesem den vollen Marsch nach Schlesien machten. Auf dem Marsche machte ich mit dem Musikkorps sehr viel Epoche.

Von Hildesheim nahm ich Urlaub, um voraus zu gehen und meine Frau, welche in Pietzpuhl bei Magdeburg wohnte und die ich in sieben Jahren nicht gesehen hatte, abzuholen.

Ich kam den 12. Januar 1816 des Abends spät in Magdeburg an und wurde von dem dortigen Stadtmusikus, welcher mein früherer Prinzipal war, mit Freudentränen empfangen.

Den Morgen darauf reiste ich nach Pietzpuhl zu meiner Frau. Als ich zum Dorfe hineinkam, sah ich meine Frau schon von Ferne in der Haustüre stehen; sie hatte mich, obgleich ich meine Uniform mit meinem Mantel bedeckt hatte, doch nach meinem Gang zu urteilen, erkannt. Ich kann es nicht beschreiben, denn ich habe keine Worte, den geehrten Lesern hierüber mehreres sagen zu können, was wir damals empfanden. Verstummt waren wir bei-

de; Arm in Arm lagen wir, man hörte nur ein Schluchzen. Das Schmerzhaf-
teste war, meine Kinder zu vermissen, wovon ich nur das Älteste gekannt hatte. Das zweite war kurz nach meiner Abwesenheit geboren worden, beide waren während meiner Unglückszeit gestorben. Der liebe Gott hat sie wahrscheinlich deshalb zu sich genommen, weil sie keinen Vater auf Erden hatten,
seiner Vaterliebe also desto mehr bedurften.

Den 14. Januar rückte auch das Regiment in Magdeburg ein. Wir marschierten am 16. von dort wieder fort. Ich nahm meine Frau mit; aber was
ich da wieder Schmerzhaftes empfand, war, dass ich meinen würdigen Regimentskommandeur, den Herrn Oberstleutnant von Laurens verlor, den
Seine Majestät zum Kommandanten von Saarlouis bestimmte. Er gab mir
beim Abschied die Versicherung, dass er sein mir gegebenes Versprechen der
Fürsprache für meine einstige Versorgung, demungeachtet halten würde,
wenn er auch gleich nicht mehr beim Regiment wäre.

Wir vollendeten übrigens unseren Marsch bis nach Breslau recht gut. Hier
übernahm Herr Oberstleutnant von Romberg das Regiment. Seine Liebe
und Achtung wurde mir bald auch zuteil; so wie ich das Glück hatte zum Auf-
sichtsoffizier über die Musik einen trefflichen Musikkenner und sehr würdigen Mann zu erhalten, den damaligen Lieutenant, gegenwärtigen Capitaine
Einbeck beim 2. Garde-Regiment. Ich würde sehr undankbar sein, wenn ich
hier vor meinen geehrten Lesern nicht öffentlich aussprache, dass ich diesem
ausgezeichneten und menschenfreundlichen Offizier die höchste Annehm-
lichkeit meiner Lage, die hauptsächlichsten Erfolge meines Fleißes, kurz das
Beste von dem Guten danke, was mir seitdem widerfahren ist.

Ich lebte auch recht glücklich mit meiner Frau, die im Oktober desselben
Jahres mit einem Knaben niederkam, was uns beide dieses Glück noch er-
höhte. Jedoch manche Krankheit meiner Frau und des Kindes machten mir
öfters einige trübe Stunden, die aber mein Vertrauen auf Gott mir glücklich
überstehen half.

Nach einem Jahre marschierten wir von Breslau nach Neiße, von da aber
schon im dritten Monat wieder zurück und so nach Frankfurt an der Oder,
woselbst es mir durch Fleiß und gutes Betragen bald gelang, die Liebe und
Achtung vieler hohen Standespersonen zu erwerben.

In Frankfurt besuchte mich einer meiner Unglücksgefährten aus der
längst verflossenen, nun bald vergessenen Zeit, von dem ich meinen Lesern
eine kleine Anekdote zum Besten geben muss. Sie erinnern sich an die vorher

erzählte Geschichte mit dem Gefangenenwärter in Zweibrücken. Mein Kamerad hatte damals im Zorne über die schlechte Behandlung den Wunsch ausgesprochen, doch einmal als Feind nach Zweibrücken zu kommen, um den Verspotter unseres Elends bestrafen zu können.

Als Stabstrompeter in einem Kavallerie-Regimente war ihm im Jahre 1815 dies Vergnügen zuteil geworden und er hatte nichts Eiligeres zu tun, als in Gesellschaft mehrerer Kameraden nach dem Gefangenenhause zu gehen. Derselbe Concierge wurde glücklich angetroffen, sehr demütig begrüßte er die stattliche Gesellschaft, wurde aber in geradbrechtem Französisch und mit so verdächtigen Kantschupantomimen empfangen, dass ihm - in mannigfacher Rückerinnerung an begangenes Unrecht - der Besuch sehr bedenklich zu erscheinen anfing.

Nachdem nun mein Kamerad ihn vielfältig geängstigt und sich mit seiner Gesellschaft an der Verlegenheit des Concierge sattsam belustigt hatte, bedeutete er ihm, dass es Zeit sei, in den Hof zu gehen und unterstützte das Anfangs zurückgewiesene Begehren so nachdrücklich mit dem Kantschu, dass es bald erfüllt wurde.

Auf dem Hofe angekommen, wurde dem Concierge angesagt, wen er vor sich habe, auch sein damaliges Verhöhnen wurde ihm vorgehalten; worauf er vor dem Troge knien und aus demselben trinken musste, während mein Kamerad das Lied sang: „Wenn's immer, wenn's immer so wär!”

Nach der Zeremonie wurde er mit der ernsten Warnung entlassen, fortan arme Gefangene milder zu behandeln und auch seinen Hannes dazu anzuhalten.

Wir gingen im Jahre 1818 nach Stargard zum Manöver, bei welchem Seine Majestät Allerhöchst ihre Zufriedenheit über die Musik zu äußern geruhte.

Nachdem es dreieinhalb Jahre in Frankfurt garnisoniert hatte, erhielt das Regiment Order, nach Neu-Ruppin in Garnison zu marschieren, von wo aus wir im Jahre 1821 nach Berlin zum Manöver gingen und dem Musikkorps auch dazumal der größte Beifall gezollt wurde.

In demselben Jahre verlor das Regiment seinen würdigen Kommandeur; ein Verlust, der mir besonders nahe ging. Doch wurde der selbe durch den gegenwärtigen Herrn Kommandeur dem Regiment, wie mir scheint, recht gut ersetzt.

Eine neue Ehre wurde mir im Jahre 1823, wo das Musikkorps in Großbeeren, wo Seine Majestät der König speiste, zur Tafel blasen musste. Es wurde mir auch dort, wie dem Korps, der größte Beifall von Allerhöchster

Seite gespendet. Auch hatte ich die Gnade, die besondere Achtung Seiner Königlichen Hoheit des Erbgroßherzogs von Mecklenburg-Schwerin für mich zu gewinnen.

Endlich im Jahre 1827 war der 15.September der glücklichste Tag meines Lebens; ich hatte das Glück, dass mir Gott die hohe Gnade zuteil werden ließ, bei einer Gelegenheit, wo Seine Majestät der König, sämtliche Prinzen und Prinzessinnen des königlichen Hauses, sowie Seine Königliche Hoheit der Erbgroßherzog von Mecklenburg, dessen hoher Geburtstag an dem Tage war, nebst mehreren hohen Generalen, sowie sämtliche Stabsoffizieren des Regiments in Paretz Tafel hielten und ich mit dem Hautboistenkorps Tafelmusik machte, Seiner Majestät dem Könige selbst vorgestellt wurde.

Allerhöchstdieselben nahmen meine Huldigung sehr gnädig auf, auch erhielt ich für einen von mir komponierten und bei dieser Gelegenheit zum ersten Male vorgetragenen Marsch von Seiner Majestät ein ansehnliches Geschenk. Nichts aber erfreute mein Herz so sehr, als die Huld meines allergnädigsten Königs, dem ich so nahe sein durfte und der so gnädige Worte an mich richtete.

Als aber die unruhigen Franzosen im Jahre 1830 ihren König fortgeschickt und den Herzog von Orleans sich erwählt hatten, übrigens allenthalben den Freiheitsschwindel aufregten, der Polen und Belgien unglücklich gemacht hat, marschierten wir den 10.August nach Brandenburg zum Manöver, erhielten aber am letzten Manövertage in der Gegend bei Kloster Lehnin, wo Seine Majestät der Königs abermals die Allerhöchste Zufriedenheit zeigte, den Befehl, schleunigst nach Erfurt zu marschieren. Viele des Musikkorps wurden krank und bekamen das Fieber, so dass das Regiment nicht mit einer gut besetzten Musik in Erfurt einmarschieren konnte.

Als ich auf dem Marsch von Brandenburg nach Erfurt in Bitterfeld ankam, besuchte ich mehrere gute Freunde, welche sich über mein Erscheinen recht herzlich freuten; unter anderem auch die Dame M. W., derer ich schon auf dem ersten Bogen meines Buches erwähnt habe. Diese fragte mich, ob mich denn nicht mein reicher Onkel in seinem Testament bedacht hätte.

„Nein", sagte ich, „meine gute Madame W., der Onkel hat den Unglücklichen vergessen."

Indem ich mit ihr in dem Gespräch war, trat ein Mann herein und sie sagte zu mir: „Das ist mein Schwiegersohn, der Justiz-Rat K."

Wir führten nun unser Gespräch weiter fort. Er hörte dieses Gespräch mit an und als er vernahm, dass ich von dem Onkel Liesche sprach, unterbrach er schnell und sagte: „Ist etwa der alte russische Hoftrompeter Liesche Ihr Onkel gewesen?"

„Ja!", antwortete ich.

„Nein, er hat Sie nicht vergessen", fuhr er fort, „ich habe im Jahre 1811 sein Testament gemacht. Da hat er Ihrer mit Bedauern erwähnt und Sie für tot gehalten, denn Soldaten, welche sich in Stralsund aufgehalten hatten und hier durchreisten, wollten Augenzeuge gewesen sein, dass Sie in dem Gefecht bei Stralsund geblieben wären."

Der Herr Justiz-Rat K. versicherte mir, dass ich wenigstens ein Vermögen von 1.500 Talern dadurch verloren hätte. Diese traurige Nachricht schmerzte mich wohl, aber meine Lage war damals befriedigend; also tröstete ich mich, sollte aber bald von Neuem die Wandelbarkeit des Glücks erfahren.

Durch die Anstrengungen des Marsches nämlich wurde ich leider an dem Fuße krank, an welchem ich als Galeerensklave die Kette getragen hatte und brachte fünf Monate daran zu, ehe ich den Gebrauch desselben wieder erhielt. Dies veranlasste mich, um eine Zivilversorgung nachzusuchen und meinen Posten niederzulegen; welches nach dem 01.Januar 1832 geschah.

Bei meiner Geschäftslosigkeit, an die ich keineswegs gewöhnt war, fiel ich auf den Gedanken, meine unglückliche Lebens- und Leidensgeschichte niederzuschreiben und solche dem Publikum mit dem Wunsche in die Hände zu geben, dass solches mein schwaches Machwerk mit Schonung aufnehmen, dabei aber auch die unerforschlichen Wege der Vorsehung näher beleuchten möge, damit ein jeder meiner Mitmenschen auch in den größten Stürmen seiner dornigen Laufbahn sich nun einzig und allein in die Arme des allliebenden Vaters werfen und ihm zu vertrauen verstehe.

Und so habe ich denn schon vier Mal das Glück genossen, bei der Herausgabe dieses Büchleins recht viele Abnehmer zu finden, aber nicht solche, denen es bloß daran lag, ihre Neugierde durch das Lesen der gegenwärtigen Schrift zu befriedigen, nein, Menschenfreunde waren es, welche Anteil an meinen ausgestandenen Leiden genommen haben, welche es zur Freude wurde, als sie fanden, dass ich im Vertrauen auf meinen Gott - entfernt von den Meinigen - das schmachvollste Leiden duldend ertrug. Menschenfreunde waren es, die meine schwache Prosa willig aufnahmen und an mir zu Wohltätern wurden.

Ich habe sowohl in den vorangegangenen als ich dem gegenwärtigen Büchlein alles treu niedergeschrieben und nachdem ich einige Zeit, aus welcher ich in meiner Leidensgeschichte nichts Wichtiges herzuzeigen vermag, weg ließ, will ich bloß noch einiges, welches wohl verdient aufgenommen zu werden, zur Feder bringen.

Schon im Jahre 1833 hatte ich das Glück eine bedeutende Menge Subskribenten zur 3. Auflage meiner Lebens- und Leidensgeschichte zu finden und dieser Umstand ermutigte mich auch die Tour von Erfurt, nach Wittenberg zu machen, um die Zahl der Subskribenten zu vermehren.

Der Weg führte mich über Kölleda, wo ich, vorzüglich bei der dortigen Geistlichkeit, gute Geschäfte machte und man riet mir, nach M. einem Städtchen in Sachsen zu gehen, weil ich dort gewiss recht viel Subskribenten finden würde. Ob ich mich zwar in dieser Versicherung keineswegs getäuscht fand, so musste ich aber auf der anderen Seite von dem dortigen Herrn Bürgermeister eine Behandlung erfahren, deren Art ich jedoch hier niederzuschreiben mich enthalten will. Obschon es verdiente, öffentlich dem Publikum zur Prüfung, dem Herrn Bürgermeister aber zur Warnung, bekannt gemacht zu werden.

Von hier aus reiste ich nach Halle, besorgte hier den Druck meines Werkchens und eilte demnach nach Roitzsch in die Arme meiner Eltern. Nachdem ich mich bei ihnen von meiner Reise etwas erholt hatte, ging ich von dort nach Bitterfeld und wollte die Tour an demselben Tage bis Wittenberg machen. Da ich keine Gelegenheit zu fahren fand, so ging ich den geradesten Weg über Friedersdorf. Als ich einige hundert Schritte hinters Dorf kam, schritt ein Mann auf mich zu, der, als ich ihm ebenfalls auf ihn näher zuschritt, hastig in das nahe gelegene Gebüsch eilte, so dass mir die Vermutung wurde, er führe etwas Böses im Sinne.

Ich setzte mich auf einen Stein, teils um zu Frühstücken, teils um den wunderbaren Flüchtling im Auge zu behalten und gewahrte, dass derselbe nicht weit von mir auf seinen Knien lag und wehmutsvoll in die Worte ausbrach: „Wann werden meine Leiden enden, wann werde ich Ruhe finden?"

Ich fasste den Entschluss, diesen Schwermütigen, denn dafür hielt ich ihn jetzt, durch die ausdrucksvollen Worte: „Es gibt ein Jenseits, wo noch eine Ruhe vorhanden ist", seinen trüben Gedanken zu entreißen. Und ich hatte mich nicht geirrt, denn kaum waren diese Worte meiner Zunge entgangen, so kam er hastig auf mich zu, bot mir einen guten Morgen und setzte sich dicht neben mich. Ich bot ihm mein Frühstück an und bei dieser Gelegenheit fragte ich, woher er käme, was für ein Landsmann er sei und welche Verhältnisse ihn in solche Gemütsstimmung versetzt hätten, worauf er mir seine Lebensgeschichte sowie seine Leiden erzählte, und welches, wie ich hoffen darf, diesem Büchlein etwas Interessantes geben wird.

Die geehrten Leser dieses Buches werden in demselben gefunden haben, dass mich ein gewisser Musiker Friedrich Ullmann von den Galeeren erretten wollte und welche unerforschliche Fügung des Himmels wir vor Ihren Augen erscheinen, wenn ich Ihnen hiermit sage, dass dieser Schwermütige kein anderer, als dieser Menschenfreund war.

Nachdem wir uns beiderseitig erkannt und recht herzlich begrüßt hatten, erhielt ich denn aus seinem Munde die Geschichte seines Lebens und seiner Leiden wie folgt: Ich übergehe die Jahre meiner Kindheit, weil solche in meiner Geschichte kein Interesse gewähren können und fange von dem Zeitpunkte an, wo ich auf meine Bahn trat, die für mein ganzes Dasein entscheiden sollte.

Mein Vater war reformierter Prediger in B., wir waren unser fünf Geschwister und ich unter ihnen der älteste. Da ich zum Wissenschaftlichen, vorzüglich zur Musik, von Jugend auf viel Neigung hatte, so beschloss mein Vater, mich von meinem zwölften Jahre auf ein Gymnasium zu tun, woselbst ich auch wirklich den Wünschen meines Vaters nach Möglichkeit entsprach.

Bei Beginn meines 18. Lebensjahres besuchte ich die Universität und würde auch hier in meiner angetretenen Bahn, nämlich als Theologe fortgeschritten sein, wenn nicht ein sehr unglückliches Duell meine Flucht nach Frankreich nötig gemacht und dadurch die guten Pläne meines ergrauten Vaters vereitelt hätte.

In Frankreich angekommen, engagierte ich mich als Hautboist in einem Infanterie-Regimente und machte die Feldzüge von 1805 bis zum Sturze des Kaisers Napoleon mit. Schon im Anfange meiner militärischen Laufbahn marschierte ich mit dem Regimente nach Italien, wo wir in Verona unser Stabsquartier hatten. Mein Wirt, namens Valino, ein wahrer Franzosenfreund und welcher erst zwei Jahre verheiratet war, behandelte mich ausnehmend freundlich, so dass ich wohl Ursache zu wünschen hatte, recht lange in Verona zu bleiben.

In dem Zimmer, worin ich schlief, hingen mehrere Bilder an der Wand, worunter vorzüglich ein Porträt ungewöhnlichen Eindruck auf mich machte. Ich erkundigte mich bei meinem Wirte und erfuhr von ihm, dass es seine Schwester sei und dass solche, aus übertriebener Frömmelei der Eltern nach dem Geheiß in einem Kloster sitze, um sich dort den Weg zur Seligkeit zu bahnen.

Bei der Erklärung zeigten sich Spuren der Wehmut in seinen Gesichtszügen, und ich konnte erraten, dass seine Meinung mit der Eltern, in Bezug auf das holde Wesen, in keinem Einklange stände. Deshalb legte ich es darauf an, ihm begreiflich zu machen, wie es keine Sünde, sondern menschlich sei, ein in der schönsten Blüte stehendes Mädchen, sei es durch Gewalt oder durch List aus den öden Mauern eines verderblichen Klosters zu retten und sie in die menschliche Gesellschaft nach dem Willen der weisen Vorsehung einzuführen.

Mein Wirt hörte noch aufmerksam zu und ich wurde gewahr, dass eine Träne seinen Augen entrann, ein Beweis dafür, dass er keineswegs mit seinen Eltern in gleicher Meinung gestanden habe. Dies war der Augenblick, auf welchen ich gehofft habe und offen schlug ich ihm die Rettung seiner Schwester vor. Er umarmte mich, nannte mich seinen Freund und gab mir das Versprechen, dieses holde Wesen noch denselben Abend zu sehen und zu sprechen und in dieser frohen Erwartung sah ich dem Augenblick entgegen, der meine, auf schwache Hoffnung gestützten Wünsche, krönen sollte.

Und sie kam auch, diese hoffnungsvolle Stunde; denn als kaum das Abendrot am Horizont verschwunden war, trat mein Wirt in meine Stube und bat mich, mit ihm zu gehen. Ich wusste nicht, welches geheime Treiben unsere Tritte nicht schnell genug machten und mein stilles Sehnen ging bald in Wehmut über, als ich mich am Ziele meiner Wünsche noch weit entfernt glaubte.

Auf einmal waren wir an der Mauer eines Klostergartens. An dessen Ende an einem kleinen Gehölze ein, einem Altare ähnlicher ausgehauener Stein stand, darauf ein schöne Kruzifix nebst dem Bilde der Mutter unseres Heilands aufgestellt war. Hier bat mich Valino, mich einen Augenblick zu entfernen, und nachdem ich solches, wie wohl sehr ungern, getan hatte, rief er den Namen Rosa aus.

Bald rief mich Valino zurück und ich erblickte zu meinem Erstaunen, dass das Muttergottesbild ohne bemerkbar zu sein, mit einer Türe versehen war, an welcher jetzt Valinos Schwester, mit dem ausdrucksvollen Antlitz einer Heiligen vor mir stand. Ich hätte vor diesem himmlischen Wesen niederknien und sie anbeten können, wenn nicht ihr milder Ernst, verbunden mit den ehrfurchtsvollen Mienen einer frommen Dulderin, mich in ein unwillkürliches, bewusstloses Staunen versetzt hätten.

Ihr Bruder hatte ihr bereits von meinem Plane gesagt und es schien die Bestimmung des Schicksals zu sein, dass sie meinem Antrage, ohne mich zu kennen, ohne dass sie ahnen konnte, ob ich es gut oder böse mit ihr meinte, so viel Vertrauen schenkte.

Ich will mit meiner Erzählung nicht zu langschweifig werden, sondern Dir nur, mein bester Leidensfreund so viel sagen, dass unser Plan binnen eines Monats ausgeführt war, ich meinen Abschied vom Regimente nahm und mit meiner Rosa nach Frankreich reiste, wo ich mich auf ewig mit ihr durch eines Priesters Hand verband. Ich lebte mit diesem himmlischen Wesen überaus glücklich und damit unser Glück durch keine Nahrungssorgen gestört werden möchte, nahm ich wieder Dienste bei einem anderen Regimente und bald darauf wurde unsere Ehe durch eine Tochter gesegnet.

Jetzt trat der für Frankreich so verhängnisvolle Krieg mit Russland ein und unser Regiment war bei diesem Feldzuge. Aus unbeschreiblicher Liebe zu mir war mir meine Gattin gefolgt, nachdem wir zuvor unsere Tochter bei meinem Schwager Valino, da derselbe keine Kinder besaß, gebracht hatten. Wer die Geschichte des russischen Feldzuges gelesen hat oder aus Erfahrung selbst kennt, wird wissen, welche Opfer auf den nordischen Gefilden bluteten oder auf andere Weise dort den Tod fanden. Kaum als der stolze Napoleon den Sieg errungen zu haben glaubte, wurden wir von allen Seiten gedrängt und wer nicht vorwärts konnte, wurde entweder niedergehauen oder wurde in die wilden Fluten der Beresina getrieben!

Dieses Schicksal hatte meine Rosa, - Freund, der Schmerz hemmt meine Sprache, erlass mir die fernere Erzählung und würdige diesen, wenn ich Dir sage, dass ich mein geliebtes Weib, in den Fluten die Hände ringend, mit dem Tode kämpfen sah, dass ihr Blick mich nicht verließ, bis sie von den Wellen verschlungen wurde und dass mit ihrem Untergange auch meine Lebenssonne untergegangen ist. Oft habe ich den Tod gesucht, aber ihn leider nicht gefunden und ich segne den Augenblick, der mich mit meiner geliebten Rosa im Jenseits verbinden wird.

Jetzt reise ich nach der Schweiz, um meine geliebten Eltern noch einmal zu sehen und dann gehe ich nach Verona zu Valino, zu meiner Tochter, zu dem Ebenbilde meiner Rosa. Dort will ich meine, vielleicht noch wenigen Tage zubringen, dort will ich wenigstens noch das Einzige festhalten, was mir das Schicksal zurück ließ.

Und nun, Freund, würdige mein Leiden, durchblättere die Tage meiner Laufbahn und Du wirst finden, dass ich der ewigen Ruhe bedarf. Ja, Du hast Recht, es gibt ein Jenseits, wo noch eine Ruh' vorhanden ist, wo ich Rosa wiedersehe, wo die Klage verhallt, wo meine Träne verrinnt und diese Hoffnung wird mich aufrecht erhalten, damit ich noch einmal mein Vaterland und meine Tochter sehe. Jetzt trenne ich mich von Dir, aber bloß für diesseits, lebe wohl, jenseits sehen wir uns wieder.

Hier, mein geehrter Leser, habe ich treu die Geschichte eines Unglücklichen in ihre Hände gegeben, deren Inhalt mich so ergreift, dass ich die Feder nicht mehr zu führen vermag.

Und so scheide ich von Ihnen, meine geehrten Leser, mit dem vollen Bewusstsein, dass diese Auflage wohl meine letzte sein wird; denn der Abend meines Lebens naht mit raschen Schritten heran; vielleicht wird mir auch bald der schönere Morgen dämmern, an welchem ich die Liebe und die unerforschlichen Wege der Vorsehung in der ganzen Klarheit erkennen werde, weil ich es hier nur stückweise erkenne, warum mein Lebensweg so dornig sein musste.

Aber, im Vertrauen auf die Vorsehung, nehme ich am Schlusse meiner Laufbahn alle Stürme der Zeit freudig auf und bin gewiss, dass der, der das Würmchen im Staube mit Vaterliebe beschützt, der am Morgen meines Lebens seine Vaterhand über mein Haupt hielt, mich auch am Abend nicht verlassen wird.

.*.

Inhaltsverzeichniß

Verlagswerbung

Im Fachverlag AMon - Alexander Monschau - sind bislang folgende Bücher erschienen, bzw. sind in der Vorbereitung:

AMon00001: Des Nürnberger Feldwebels Joseph Schrafel merkwürdige Schicksale im Kriege gegen Tirol 1809, im Feldzuge gegen Russland 1812 und in der Gefangenschaft 1812 - 1814. Von ihm selbst geschrieben.
Softcover, 19 Zeichnungen, 3 Farbtafeln, 100 Seiten _11,95 €_

AMon00002: Förster Flecks Erzählung von seinen Schicksalen auf dem Zuge Napoleons nach Russland und von seiner Gefangenschaft 1812 - 1814.
Softcover, 2 Uniformseiten, 108 Seiten _12,95 €_

AMon00003: Ein Waterlookämpfer. Erinnerungen eines Soldaten aus den Feldzügen der königlich deutschen Legion von Friedrich Lindau, ehemaliger Schütze des 2.leichten Bataillons, Inhaber der Guelphen-, der Waterloo- und der bronzenen Verdienstmedaille.
Softcover, 1 Zeichnung, 2 Uniformseiten, 132 Seiten _12,95 €_

AMon00004: Als freiwilliger Jäger bei den Totenkopfhusaren. Siebzehn Jahre Leutnant im Husaren-Regiment Blücher. Erzählungen aus Kolberger Ruhmestagen, aus dem deutschen Befreiungskrieg, aus einer kleinen pommerschen Garnison und von der Grenzwacht gegen den polnischen Aufstand 1831.
Softcover, 2 Zeichnungen, 172 Seiten _14,99 €_

AMon00005: _In Vorbereitung_

AMon00006: Seltsame Schicksale eines alten preußischen Soldaten. Die höchst merkwürdige Lebensgeschichte des noch als Postmeister zu Ueckermünde im Königlich Preußischen Postdienst stehenden ehemaligen Premier-Lieutenants, zuletzt im 13.Infanterie-Regiment Friedrich Wilhelm Beeger.
Softcover, 1 Karte, 2 Uniformtafeln, 148 Seiten _14,95 €_

AMon00007: Erlebnisse in dem Kriege gegen Russland im Jahre 1812 vom Landbereuter Franz Krollmann, damals Musiker beim 3.westfälischen Chasseur-Bataillon.
In Vorbereitung

Verlgswerbung

AMon00008: Erzählung der Schicksale und Kriegsabenteuer des ehemaligen westfälischen Artillerie-Wachtmeisters Jakob Meyer aus Dransfeld während der Feldzüge in Spanien und Russland von ihm selbst geschrieben.
Softcover, 84 Seiten   11,95 €

AMon00009: Aus schwerer Zeit. Erinnerungen an die Drangsale und Leiden der Stadt und Festung Altdamm aus der Zeit der Franzosenherrschaft in den Jahren 1806 - 1813.
Softcover, 1 Karte, 68 Seiten   10,95 €

AMon00010: Der Galeerensklave des Kaiser. Leben und Schicksal des ehemaligen Musikmeisters im königlich preußischen 24.Infanterie-Regiment August Böck, vormaliger Trompeter im Schillschen Korps. Von ihm selbst geschrieben.
Softcover, 1 Zeichnung, 72 Seiten   10,95 €

AMon00011: „Ich schwöre es!" Unter der Fahne des ersten Napoleon. Jugendgeschichte des Hunsrücker Dorfschullehrers Johann Jakob Röhrig, von ihm selbst erzählt.
Softcover, 152 Seiten   14,95 €

Außerdem in Vorbereitung: weitere interessante und eindrucksvolle Memoiren und Lebensbeschreibungen, Regiments- und Bataillonsgeschichten von ausgesuchten Einheiten der napoleonischen Kriege und der Einigungskriege 1864 bis 1871.

Gerne nehmen wir von Ihnen Anregungen und auch Vorschläge entgegen, um Ihnen auch zukünftig interessante Literatur bieten zu können.

Bestellungen werden ferner gerne unter der Anschrift: Fachverlag AMon - Alexander Monschau - Broicher Weg 16, 51766 Engelskir-chen oder der EMail-Adresse: FachverlagAMon@aol.com entgegen genommen.